AF203080

Kai Stührenberg

Die Arbeit am rauen Stein

Ein Arbeitsbuch für Freimaurer im Lehrlingsgrad

Als Anregung und Begleitung für die Persönlichkeitsentwicklung mit praktischen Übungen

2. überarbeitete Auflage

 **Kai Stührenberg** wurde 1964 in Bremen geboren und lebt dort mit seiner Frau und seinen drei Kindern.

Nach der Lehre als Elektroanlageninstallateur, Zivildienst und Studium als Betriebswirt war er als Selbstständiger, Marketing- und Vertriebsleiter und Personaltrainer tätig. Danach folgten siebzehn Jahre als Wirtschaftsförderer. Zurzeit ist er Staatsrat im Senatsressort für Wirtschaft, Arbeit und Europa.

Seit 1982 ist er als semiprofessioneller Musiker in verschiedenen Projekten aktiv (www.kaistuehrenberg.net).

Seit Anfang der 90er-Jahre beschäftigt er sich intensiv mit Philosophie, Esoterik, Religionswissenschaften, Soziologie, Politik und Psychologie.

Kai Stührenberg ist Meister in der 3WK Loge „Zum Silbernen Schlüssel", Matr. Nr. 638 im Orient Bremen, in die er 2014 aufgenommen wurde, sowie seit 2017 Mitglied der Albert Pike Lodge, Matr. Nr. 1067, im Orient Hannover. Darüber hinaus hat er den höchsten Grad im York Ritus inne, gehört dem Inneren Orient der Großen Loge Royal York zur Freundschaft an und ist Mitglied in der Societas Rosicruciana in Anglia S.R.I.A.

Er ist Mitglied mehrerer Forschungslogen und arbeitet in Vorträgen und Artikeln daran, die spirituellen Wurzeln der Freimaurerei wieder mehr zu verstehen und den jungen Brüdern und Schwestern zugänglich zu machen.

Humanismus, Aufklärung, Modernität und Spiritualität sind für ihn kein Widerspruch, sondern unteilbar miteinander verbunden.

Kai Stührenberg befürwortet eine professionelle Öffentlichkeitsarbeit, die geeignet ist, die Qualitäten der Freimaurerei und ihrer Protagonisten zu kommunizieren, die aber gleichzeitig das Arkanum wahrt und die Ritualinhalte geheim hält. Nur so kann aus seiner Sicht die Attraktivität und das besondere Erlebnis der Initiation erhalten bleiben und die Freimaurerei ihren Wert als ältestes System der Selbsterkenntnis auf Dauer aufrechterhalten.

Meiner Frau Andrea
meinen Kindern Aaron, Jördis und Tjark

-

den Brüdern meiner Mutterloge
„Zum silbernen Schlüssel" im Orient Bremen
und der „Albert Pike Lodge" im Orient Hannover

-

den Brüdern der Facebook-Gruppe
„Freimaurerei und Esoterik"

-

allen Brüdern, die in höheren Graden und Erkenntnisstufen unermüdlich an ihrem rauen Stein arbeiten.

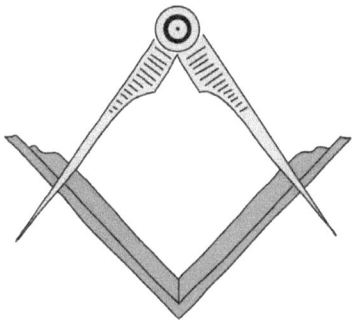

Cover Gestaltung: Jens Rusch

Bibliografische Information
der Deutschen Nationalbibliothek: Die Deutsche
Nationalbibliothek verzeichnet diese Publikation
in der Deutschen Nationalbibliografie;
detaillierte bibliografische Daten sind im Internet
über dnb.dnb.de abrufbar.

© 2021 Kai Stührenberg, Bremen

Verlag und Druck: tredition GmbH,
Halenreie 42, 22359 Hamburg

978-3-347-30880-0 (Paperback)
978-3-347-30881-7 (Hardcover)
978-3-347-30882-4 (e-Book)

Inhalt

Warum dieses Buch?. 9

Das Ziel des freimaurerischen Wegs. 20

Die freimaurerische Methodik 32

Geselligkeit und Brüderlichkeit 52

Der Alltag als Übungsfeld 58

Sichtbare und unsichtbare Welt. 61

Das männliche und weibliche Prinzip 73

Die vier Elemente 78

Die vier Urqualitäten 87

Ein wirklich freier Mann werden,
durch Selbsterkenntnis 90

Das Lehrlingstagebuch 97

Die Übungen 99

    Übung 1: Der Seelenspiegel 101

    Übung 3: Kontrolle der Gedanken 108

    Übung 4: Kontrolle der Gefühle 116

    Übung 5: Geben oder das eigene Opfer 119

    Übung 6: Etwas für einen anderen tun. 122

    Übung 7: Mitfühlen – das Hineinversetzen
    in andere Menschen. .125

Übung 8: Achtsam sein – sich selbst
bewusst werden 128

Übung 9: Dankbarkeit. 131

Übung 10: Brüderliche Sprache 133

Übung 11: Den Körper stärken 138

Übung 12: Arbeit mit Symbolen 142

Übung 13: Das Lehrlingsritual 146

Der Arbeitsplan 148

Anhang 152

Danksagung 164

Weblinks 166

Verweise 167

Warum dieses Buch?

Dieses Buch ist für Freimaurer im Lehrlingsgrad geschrieben. Es ist Lehrart übergreifend und richtet sich an die Brüder und Schwestern, die aktiv an sich arbeiten wollen und die sich neben dem Ritual ein wenig praktische Anleitung dazu wünschen. Für eine erfolgreiche Zeit als Lehrling ist es nicht zwingend notwendig, die Hinweise dieses Buches zu beachten, und es gibt viele andere Möglichkeiten, die Lehrlingszeit gewinnbringend zu erleben. Wer aber etwas mehr investieren möchte und Impulse für die Arbeit am rauen Stein sucht, dem wird dieses Handbuch ein treuer Begleiter sein.

Die erste Auflage hat sich sehr schnell verkauft und neben ein paar notwendigen Korrekturen habe ich in der 2. Auflage auch noch ein paar Ergänzungen hinzugefügt. Da das Buch auch von vielen Frauen gekauft wurde, habe ich mich in der neuen Auflage bemüht, diesem Umstand in der Ansprache und in den Formulierungen besser gerecht zu werden.

Eine alte freimaurerische Erkenntnis besagt, dass wir immer Lehrlinge bleiben, egal welchen Grad wir innehaben oder wie lange wir schon Freimaurer sind. Insofern ist dieses Buch nicht nur für Neophyten gedacht.

Der raue Stein ist ein grundlegendes Symbol der Freimaurerei. Er symbolisiert den Menschen mit seinem Charakter, seinem Wesen und seinen Handlungen. Der Freimaurer oder die Freimaurerin ist aufgefordert, mit den zur Verfügung stehenden Werkzeugen an seinem rauen Stein zu arbeiten. Das Symbol erinnert ihn sein oder ihr Leben lang an die eigene Unvollkommenheit in Bezug auf Denken, Handeln und Wirken.

In diesem Buch beschreibe ich auch die spirituellen und esoterischen Aspekte der Freimaurerei, wohlwissend, dass dieser Bereich für manche Brüder von untergeordneter Bedeutung ist. Die Übungen sind aber auch für den rein humanitär denkenden Bruder anwendbar und werden ihm auf seinem Weg zum behauenen Stein hilfreich sein.

Ich selbst bin Freimaurer geworden, weil ich mich für die Symbolik und „Geheimnisse" der Freimaurerei interessiert und in ihr einen Weg zur persönlichen Entwicklung gesehen habe. Motiviert wurde ich durch das Buch „Das Foucaultsche Pendel"[i] von Umberto Eco. In diesem Buch ist eine der Quintessenzen, dass alle Geheimbünde einem Geheimnis nachjagen, das es am Ende gar nicht gibt. Trotz dieser Erkenntnis war für mich mit diesem Buch der Keim gesät, mich mit den alten Mysterienbünden zu befassen. Nach vielen Jahren Beschäftigung mit Katharern, Albigensern, Templern, Rosenkreuzern, Theosophen und Anthroposophen kam dann eine Phase der klassischen Buchhandlungs-Esoterik mit Tarot, Horoskopen, Reiki und Meditation, die mich aber nicht wirklich weiterbrachte. Später kam eine Phase, die ganz von Familie und Beruf geprägt war und in der diese Themen deutlich in den Hintergrund gerückt wurden auch wenn die grundsätzliche Erkenntnis in mir reifte, dass es mehr gibt zwischen Himmel und Erde, als man in der Schule gelehrt bekommt. Zunehmend bestätigten sich für mich die Gedankenansätze, dass alles mit allem irgendwie zusammenhängen muss.

Erst mit neunundvierzig (7x7) Jahren bin ich dann zu den Freimaurern gekommen. Ich hatte viel darüber gelesen und war mir sicher, dass der Bund mir helfen würde, meinen Weg zu gehen – im Kreise gleichgesinnter und in einem System, das auf vielen Jahrhunderten alter Weisheit beruht. In meiner ersten Zeit als Lehrling hatte ich allerdings ab und zu meine Zweifel, ob ich im richtigen „Club" gelandet bin. Ich hatte viele Fragen und bekam wenige Erklärungen. Die Verweise auf spätere Grade haben mich aber so weit beruhigt, dass meine Lehrlingszeit schnell vorbeiging.

Ich erinnere mich noch gut daran, wie ich die Nachricht bekam, dass ich vom Lehrling zum Gesellen befördert werden sollte. Ich habe mich über die anstehende Beförderung und darüber, dass es nun weitergeht auf meinem freimaurerischen Weg, gefreut. Aber ich fragte mich auch, ob ich denn meine Aufgaben als Lehrling ausreichend erledigt hatte.

Beim Nachdenken fiel mir auf, dass die Zeit schnell vergangen war und ich tatsächlich nicht einmal den „kleinen Katechismus" meiner 3WK Loge durchgelesen hatte, der mir bei meiner Aufnahme ausgehändigt worden war.

Weder waren mir die Inhalte des Lehrlingsgrades wirklich geläufig noch hatte ich mich intensiv mit dem „Schaue in dich", also mit mir und meinem Ursprung, auseinandergesetzt.

Im Unterricht habe ich einiges über Historie und Gebräuche gelernt, aber eigentlich wenig über die Arbeit am (wie es bei uns in der Großen National-Mutterloge zu den drei Weltkugeln heißt) „rohen Stein". Zwar hatte ich verstanden, dass die Arbeit jedem Bruder alleine obliegt und auch jeder an anderen Dingen arbeiten müsste, aber ist es nicht bei uns Freimaurern vielleicht ähnlich wie in vielen Ausbildungsberufen und Studien? Am Anfang sollte man vielleicht doch erst mal die Grundlagen erlernen, um sich später zu spezialisieren. Ist die Lehrlingszeit nicht das Grundstudium des Freimaurers?

Mir war klar, dass ich bei meiner Aufnahme in die Weltbruderkette keinem esoterischen Meditations- oder Selbstfindungsverein beigetreten bin, aber sollte es wirklich kein Werkzeug geben, neben Winkelmaß und Zirkel, Senkblei, Winkelwaage und Spitzhammer? So etwas wie eine Methodik oder eine praktische Anleitung mit Fragen, Anregungen und Aufgaben? Ich hatte geglaubt, dass man etwas tun muss, um irgendwann in den nächsten Grad befördert zu werden. Wie wir wissen, ist es in vielen Logen jedem Bruder selbst überlassen, was er aus der Lehrlingszeit macht. Die Beförderung findet wohl in den meisten Fällen nach einer gewissen Zeit und garantiert statt. So war jedenfalls auch ich ziemlich auf mich alleine angewiesen, auch wenn die Brüder meiner Loge sich sehr um mich bemüht haben.

Ich hatte erwartet, dass mir der Bürge, der unterrichtende Bruder oder der Meister vom Stuhl immer mal wieder eine Frage stellt oder mir eine Aufgabe mitgibt, mit der ich mich auseinandersetzen kann. Aber wie ich später herausfand gibt es hier sehr unterschiedliche Auffassungen und viele Logen sehen das nicht als notwendig an. Auch hierfür gibt es natürlich nachvollziehbare Gründe. Meiner Ansicht nach würde aber so eine aktive Ansprache allerdings die Lehrlingszeit sehr bereichern und die Bindung zwischen Lehrling und Bürgen stärken. In der Praxis kommt dies in unseren Logen jedoch nur selten vor, weil entweder der Sinn nicht gesehen wird, die Brüder es nicht für notwendig erachten, sich dafür nicht verantwortlich fühlen oder manchmal auch einfach nur Zeit und Wissen fehlen.

Nachfragen zu diesem Thema bei den älteren und erfahreneren Brüdern brachten für mich nicht wirklich Aufschluss, denn niemand hatte eine Idee, wie ich das „Schaue in dich" am besten bewerkstelligen sollte.

Irgendwann wurde ich auf dem vorgezeichneten Weg Geselle und später auch Meister. Auch wenn mich vor allem die Meistererhebung tatsächlich um Lichtjahre nach vorne gebracht hat, so fehlte mir immer noch das Werkzeug zur Arbeit am rauen Stein, denn ich war ja eigentlich immer noch Lehrling und hatte das tiefe Gefühl, noch viel zu tun zu haben.

Daher die Motivation für dieses Buch, das den Lehrling und auch den Gesellen oder den Meister auf seinem oder ihrem Weg begleiten kann.

Ein Hinweis noch: Suchenden, die noch nicht zum Freimaurer oder Freimaurerin aufgenommen wurden, empfehle ich, das Kapitel der Initiation auszusparen und es nach der Aufnahme zu lesen.

Die freimaurerische Quellensuche begann

Ein erster Schritt war für mich als Lehrling die Suche nach ergänzender oder weiterführender freimaurerischer Literatur. Bei Oswald Wirth[ii] wurde ich fündig. Seine Bücher gaben mir mit ihren profunden Erklärungen viele Hinweise und Inspirationen. Auch wenn Wirth viele Dinge vermischt, manchmal etwas kryptisch ist und stark aus der französischen Richtung der Freimaurerei schreibt, so wurde mir bewusst, wie viel mehr in der Freimaurerei verborgen liegt, als ich bisher verstanden hatte.

Viele Jahre später las ich nach einem Posting auf der Facebook-Gruppe „Sub Rosa" von meinem lieben Bruder, dem Künstler Jens Rusch über den Autor Emil Stejnar. Dieser ist Freimaurer und hatte sich jahrelang auch mit der „Hermetik" auseinandergesetzt. Die Hermetik ist eine spirituelle Lehre, die auf den Schriften des synkretischen Gottes Hermes Trismegistos (der griechische Hermes und der ägyptische Thot) beruht und dessen Lehre viele Gelehrte in der Renaissance beeinflusst hatte. Die Hermetik ist eine zentrale Quelle der Rosenkreuzer und später der Theosophen.

Auch in der freimaurerischen Symbolik kann man Bezüge zur Hermetik erkennen, wobei sie natürlich nur eine von vielen Quellen ist, die die Freimaurerei geprägt haben. Jan A. M. Snoek beschreibt in seinem Buch „Westliche Esoterik für Freimaurer"[iii] sehr genau die verschiedenen Einflüsse auf die frühe Freimaurerei.[iii]

Emil Stejnar bezieht sich in seinen Schriften auf die Schriften von Franz Bardon, eines Hermetikers des letzten Jahrhunderts, der seine Werke in den 50er-Jahren geschrieben hat. Mit Franz Bardon hatte ich selbst meine Erfahrungen gemacht, als ich als junger Mann das erste Mal mit esoterischem Gedankengut in Kontakt kam.

Sein Buch „Der Weg zum wahren Adepten", das durchaus als Standardwerk der hermetischen Literatur aufgefasst werden kann, ist ein praktischer Leitfaden zur Entwicklung der eigenen Persönlichkeit. In ihm geht es letztendlich um die Erlangung spiritueller Reife, aber am Beginn dieses Weges steht die charakterliche Vervollkommnung, wo wir dann die Parallele zur Freimaurerei finden.

Wer tiefer einsteigen möchte in die Philosophie der Hermetik, lese das „Corpus Hermeticum"[iv] des Hermes Trismegistos oder als Sekundärliteratur die Schriften des „Kybalion"[v] über die hermetischen Gesetze. Die Lektüre sei jedem interessierten Freimaurer empfohlen, denn sie ermöglicht einen neuen Blick auf Welt, Kosmos und Physik und erklärt viele Phänomene und gibt Ansätze für den Sinn des Lebens an sich.

Für die Arbeit am rauen Stein sind diese Werke jedoch nicht zwingend notwendig, denn es geht uns in der Freimaurerei primär um die Vervollkommnung unseres Geistes und unseres Handelns in dieser Welt, und da können wir uns auch ganz auf das Diesseits konzentrieren.

Man kann einige Parallelen zwischen dem freimaurerischen Weg und der hermetischen Transformation von Stejnar erkennen. Es geht immer um die Auseinandersetzung mit Symbolen sowie den Ausgleich im Wesen, um Selbsterkenntnis, um die Konfrontation mit den Elementen in der eigenen Persönlichkeit und um das Veredeln des Charakters und der Seele.

Stejnar beschreibt in seinem Buch „Exerzitien für Freimaurer"[vi] ebenfalls Übungen, die teilweise auf Bardon beruhen, aber er bleibt hier deutlich oberflächlicher als dieser. Er macht es einem damit erheblich einfacher, wirklich am Ball zu bleiben. In seinem Buch „Die vier Elemente"[vii] erklärt er in Ergänzung zu den Exerzitien die Arbeit mit den Elementen Feuer, Wasser, Erde und Luft. Hiermit soll es gelingen, die Persönlichkeit in einen Ausgleich zu bringen und so zuerst charakterlich und in der Folge auch spirituell zu wachsen. Aber auch hier muss man tief einsteigen, um zur Erkenntnis durchzudringen und sich durch eine Vielzahl von Inhalten arbeiten. Dafür benötigt man viel Zeit.

In der heutigen Zeit haben aber viele Männer, Frauen und auch Freimaurer eben genau dies nicht. Zeit ist ein kostbares Gut. Wie also kann man sich diese Erkenntnisse und Übungen zunutze machen, wenn man mit Familie, Beruf und anderen Dingen schon ausgelastet ist oder wenn einem der esoterische Ansatz schlicht einen Schritt zu weit geht?

Die Schriften von Emil Stejnar haben mich sehr fasziniert, aber ich hatte das Gefühl, dass der Zugang zu diesen Schriften doch für die meisten Brüder zu anstrengend und zeitaufwendig ist. Da ich aber in den Logen immer wieder Brüder treffe, die nach Methodik und Inhalten suchen, wollte ich versuchen, die Grundideen in komprimierter Form verfügbar zu machen und nachvollziehbar zu vermitteln.

Mit diesem Buch möchte ich eine kleine Anleitung geben, basierend auf den Schriften großer Geister und alter Traditionen. Ich hoffe, sie gibt dem Freimaurer mit weniger freier Zeit umsetzbare Hinweise zur Arbeit am rauen Stein. Einige Übungen, insbesondere die der Atmung und der Gedankenkontrolle, findet man auch im Raja Yoga (Pranayama und Pratyahara) und auch an anderen Stellen habe ich mich auf bereits bekannte Konzepte bezogen, mit denen ich selbst positive Erfahrungen gesammelt habe. Es ist also im Grunde nicht viel Neues in diesem Buch zu finden, sondern komprimiertes, selektiertes und aufbereitetes Wissen aus vielen Hunderten von Jahren und unterschiedlichen Quellen. Zusammengefügt aus meiner freimaurerischen Perspektive, so wie ich die Arbeit am rauen Stein verstehe.

Vielleicht ist daraus so etwas wie eine Instant-Version der alten Wege entstanden – einfacher, reduziert und auf die Bedürfnisse der heutigen Zeit angepasst. Es ist auf alle Fälle eine sehr individuelle Zusammenstellung von Übungen und Methoden, die ich persönlich für hilfreich für den Weg des Lehrlings erachte. Es ist weniger erklärend als ergänzend zu den Anregungen, aus Lehrlingskatechismus, Instruktionen oder Unterweisungen der unterschiedlichen Lehrarten zu verstehen. Diese stellen selbstverständlich die Basis des freimaurerischen Weges dar und sollten keinesfalls vernachlässigt werden. Die eigene Loge sollte immer zuerst kommen, vor allen anderen Einflüssen.

Solchen Ansätzen, wie ich sie in diesem Buch gewählt habe, wohnt die Gefahr der unzulässigen Verkürzungen inne und auch die Gefahr von Fehlinterpretationen meinerseits ist nicht ausgeschlossen. Ich habe mich aber bemüht, bei den Darstellungen so sorgfältig wie möglich vorzugehen. Letztendlich beruht aber vieles auf meinen individuellen Betrachtungen und Schlussfolgerungen.

Wer ernsthaft einsteigen möchte in die eigene Entwicklung, der sollte die Primärquellen lesen, denn sie sind von unschätzbarem Wert und beinhalten viel mehr, als ich hier auch nur ansatzweise darstellen kann. Aber für die Arbeit am rauen Stein ist dies, wie bereits erwähnt, nicht von zentraler Bedeutung. Wichtig ist, dass wir eine Anleitung zur Arbeit an unseren Ecken und Kanten bekommen, die uns hilft, dem „Schaue in dich" gerecht zu werden und somit ein Gefühl der eigenen Stärke zu gewinnen und uns voller Zuversicht den kommenden Prüfungen stellen zu können.

Wie der Leser sicher bemerkt hat, sehe ich in der Freimaurerei deutlich mehr als einen humanitären ethisch moralischen Freundschaftsbund. „To make good men better" ist eines der Ziele, auf das sich alle Maurer dieser Welt einigen können. Genauso wie auf die fünf Werte Freiheit, Gleichheit, Brüderlichkeit/Schwesterlichkeit, Toleranz und Humanität. Alleine das macht die Freimaurerei schon sinn- und wertvoll. Darüber hinaus bietet sie dem Suchenden mit ihren drei Johannisgraden und darauf aufbauenden Hochgradsystemen in unterschiedlichen Lehrarten viele Möglichkeiten, auch spirituell zu wachsen.

Ich möchte an dieser Stelle darauf hinweisen, dass ich mir nicht anmaße, die Inhalte von Bardon oder Stejnar in der Tiefe durchdrungen oder auch nur annähernd etwas von vergleichbarem Wert geschaffen zu haben. Was ich in diesem kleinen Buch anbiete, ist lediglich meine subjektive Interpretation dieser Inhalte, kombiniert mit meinen eigenen fünfundzwanzig Jahren an Studien und Übungen. Komprimiert und aufbereitet für die tägliche Arbeit als Lehrling und gemacht für Menschen, die mit ihrer Zeit haushalten müssen. Geschrieben für alle, denen die wirkliche Arbeit am eigenen rauen Stein am Herzen liegt und die das bestmögliche aus ihrer Lehrlingszeit machen wollen, die ja im Grunde das ganze Freimaurerleben dauert.

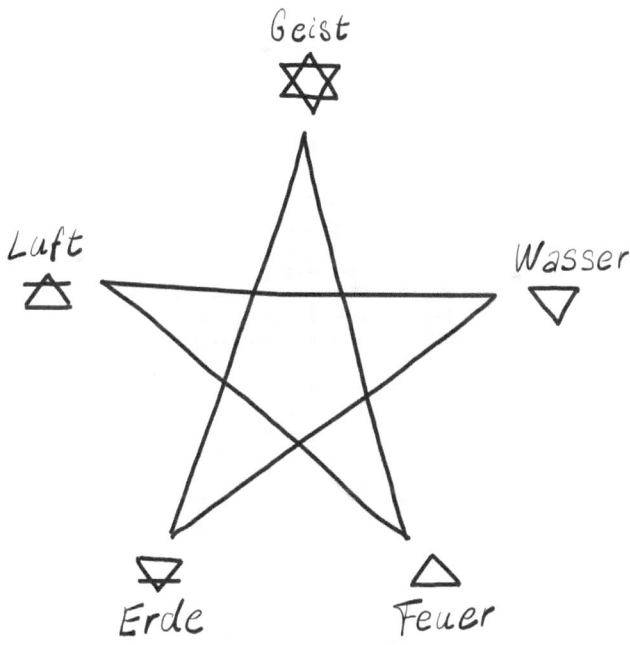

Das Pentagramm symbolisiert die 4 Elemente dieser Welt und die Möglichkeit, darüber hinauszugehen.

Das Ziel des freimaurerischen Wegs

Der Freimaurer soll sich selbst erkennen und seinen Charakter formen. Diese Aufforderung zur Selbsterkenntnis finden wir schon im Altertum. Über dem Eingang des Tempels von Delphi steht geschrieben:

„Erkenne Dich selbst – sieh Dich selbst an und ändere Dich, denn damit veränderst Du die Welt."

Bei dieser Aufgabe geht es darum, unsere eigenen Beweggründe zu verstehen, unsere Motivation und Triebfedern, aber auch unsere Ängste zu begreifen. Er soll zu seinen Schatten durchdringen und irgendwann seinen „wahren Willen" erkannt haben. Das ist das Ergebnis des „Erkenne dich selbst". Mit dem „wahren Willen" ist der ursprüngliche Wesenskern gemeint, der befreit von allen äußeren oberflächlichen Einflüssen und Interessen des Egos dem wahren Wesen und vielleicht auch der eigenen Bestimmung entspricht.

An dieser Stelle kommen wir zur Frage von Schicksal und freiem Wille. Ich bin davon überzeugt, dass der Mensch durchaus einen freien Willen besitzt und seine Realität daher zu einem großen Teil selbst gestaltet. Ausgehend davon, dass alles mit allem zusammenhängt besitzt er aber auch so etwas wie besondere individuelle Fähigkeiten, mit denen er auf die Welt kommt und er wächst in einem bestimmten Kontext auf.

Wenn wir an dieser Stelle noch das östliche Prinzip des Karmas bemühen lässt sich daraus ableiten, dass es vielleicht weitere Faktoren gibt, die uns das Leben entweder erleichtern oder erschweren. Unabhängig davon, ob man so ein Prinzip für sich annehmen kann oder nicht, scheint es mir zentral, herauszufinden, ob man mit dem Leben im Fluss ist oder man immer wieder gegen Windmühlen ankämpft. Mein zehnjähriger Sohn hat ein einem Gespräch mal ein schönes Bild gebraucht, was mir in Erinnerung geblieben ist: „Das Leben ist vielleicht wie ein Computerspiel. Man kann bestimmen, wohin man geht und was man tut aber die Landschaft, die Figuren die einem begegnen und die Aufgaben denen man sich stellen muss, die gibt das Spiel vor." Wenn man es schafft, sein Leben im Flow zu leben, dann hat man die besten Voraussetzungen, ein gesundes und glückliches Leben zu führen.

Wenn der Lehrling diese Stufe erklommen hat kann er lernen, mit dem Erkannten zu arbeiten, die positiven Anteile seines Selbst zu stärken und die negativen Anteile seiner Persönlichkeit anzunehmen und zu beherrschen. Hierin zeigt sich der wahre Meister.

Wir wollen als Freimaurer unseren Charakter formen und unsere Seele veredeln. Der behauene Stein ist das Ziel dieser Entwicklung, bei der es nicht darum geht, perfekt zu werden, sondern primär darum, sich seine Stärken und Schwächen bewusst zu machen. Im zweiten Schritt werden dann Stärken weiterentwickelt und Schwächen verringert, sodass wir dem Ideal eines Steins mit geraden Kanten möglichst nahekommen.

Dieses Bild darf allerdings nicht in der Hinsicht missverstanden werden, dass wir jede Individualität aufgeben. Worum es geht, ist, im Rahmen unserer Persönlichkeit und Möglichkeiten die Ecken und Kanten abzuschleifen, die uns auf unserem Weg behindern.

Wir arbeiten als Freimaurer also am rauen Stein – aber

was ist das eigentlich?

Der Stein ist ein Symbol für den Menschen und seinen Charakter. Dieser Stein ist am Anfang je nach Lehrart „roh" „rau" oder „rauh". Als Freimaurer gilt es, diesen unbehauenen Stein zu glätten, damit er sich einfügen kann in das große Bauwerk, wie wir es nennen. Der behauene Stein wird zum Teil des Tempels der Humanität. Wobei der Tempel gleichzeitig für die eigene Persönlichkeit, Die Loge, die Familie oder die Gesellschaft und nicht zuletzt für die Menschheit stehen kann.

Wenn wir uns diesen unbehauenen Stein ansehen, dann kann er viele Eigenschaften haben. Vielleicht ist er nicht nur rau und unförmig, sondern auch zu groß, zu weich, zu hart oder voller Risse. Oder er hängt fest an anderen Felsbrocken. Alle diese Bilder haben einen Bezug zu unserem Charakter.

Wenn der Stein zu groß ist, dann hat der Freimaurer vielleicht zu wenig Demut und zu viel Hybris. Vielleicht steht weniger die Bereitschaft zu lernen im Vordergrund, sondern eher das Bedürfnis, sich mitzuteilen und andere zu belehren. Hier ist das Ziel der Arbeit wahrscheinlich sich zukünftig selbst etwas mehr zurückzunehmen.

Ist der Stein zu weich, fehlt es vielleicht an Selbstbewusstsein oder Durchhaltevermögen. Wenn es an Entschlossenheit fehlt sollte man sich prüfen, ob man bereit ist, den Weg der Freimaurerei zu gehen oder genau an dieser Schwäche mit der Arbeit an sich selbst ansetzen.

Ist der Stein zu hart deutet dies ggf. auf ein zu großes Ego hin oder auch auf Kaltherzigkeit. Vielleicht wird zu viel verdrängt. Hier geht es darum, die brüderliche oder schwesterliche Liebe zu erlernen und sich zu öffnen für andere Menschen und Gefühle, sowie die Empathiefähigkeit zu stärken.

Hat der Stein zu große Risse sind dies vielleicht Narben aus der Vergangenheit. Gab es grobes Fehlverhalten, ggf. Straftaten, extreme Charakterschwächen oder psychische Probleme. In diesem Fall ist der Weg der Freimaurerei durchaus ein schwieriger, schon allein da verurteilte Straftäter in der Regel nicht in einer Loge aufgenommen werden. Ohne ein gewisses Maß an Werteverständnis und moralischen Standards ist die Freimaurerei aber auch nicht zu bewältigen.

Da die Freimaurerei keine Therapie ist, kann sie Menschen mit psychischen Problemen nicht helfen. Hier empfiehlt es sich, erst einmal die großen Probleme auf andere Weise in den Griff zu bekommen, bevor man Freimaurer wird und beginnt, am rauen Stein zu arbeiten.

Ist der Stein noch nicht aus dem Fels gelöst, kann es sein, dass der Mensch mit vielen festgeformten Bildern und Vorurteilen belastet ist. Vielleicht ist er auch an bestimmte Menschen gekettet oder kann sich aufgrund von beruflichen Prioritäten nicht von Strukturen lösen. In diesem Fall geht es darum, sich Freiräume zu erarbeiten und seine Bilder zu hinterfragen.

Der Stein kann also multiple Zustände haben und oft auch mehrere zugleich. Es gibt daher viel zu tun für den Freimaurer oder die Freimaurerin, die sich vorgenommen haben, diesen unbehauenen Stein zu bearbeiten. Die wichtigste Voraussetzung für diese Arbeit ist ein Grund-maß an Offenheit, der Wille sich auf den Weg zu machen und die Bereitschaft, sich der eigenen Person zu stellen.[1]

Wie wir aber alle wissen, ist der Weg zum behauenen Stein ein langer und viele von uns brauchen dafür ein Leben lang. Wenn wir auch fast nie ans Ende kommen, so schreiten wir als Freimaurer jeder für sich und alle gemeinsam jeden Tag ein Stück des Weges in die richtige Richtung. Wobei der eine Bruder weiter vorankommt als der andere. Ein Gewinn für die Bruderkette, den Bruder und die Welt ist es allemal. Es lohnt sich also, die Freimaurerei ernst zu nehmen.

Der Kern jeder ethischen Entwicklung ist neben der Selbsterkenntnis immer die Überwindung des Egos, und damit verbunden des Egoismus. Diese Kraft, die auf der einen Seite so viel schöpferische Energie in sich birgt und auch zum Überleben notwendig ist, ist auf der anderen Seite aber auch Quelle von Konflikten, Leid und Missverständnissen. Wenn wir es schaffen, den Egoismus zu beherrschen, haben wir einen wichtigen Schritt hin zur ethischen Vervollkommnung gemacht. Die Kunst ist dabei, stark und zielgerichtet zu bleiben. Denn das Ziel ist es, das Richtige zu tun und nicht als altruistischer Schwärmer oder Naivling zu enden. Um das zu vermeiden brauchen wir immer eine kritische Distanz zu uns selbst und unserem Tun. Seinen Egoismus zu beherrschen heißt, seine Kraft zielgerichtet zum Wohle aller und auch sich selbst einsetzen zu können.

Wenn wir den Egoismus überwinden wollen, müssen wir lernen, Herr über unser Ego zu werden, denn das

---

[1] Die hier verwendeten Beschreibungen vom rauen Stein wurden inspiriert von Bruder Markus Schlegel, Freimaurer Licht, Wolf-stieg-Gesellschaft 2021

Ego steht oft zwischen uns und unserem wahren Willen und es ist die Ursache für unethisches Verhalten. Wenn wir aber gelernt haben, unser Ego zu beherrschen, dann werden wir wirklich frei. An dieser Stelle passt der Begriff „Freimaurer" wunderbar, denn wir sind nicht nur freie Männer oder Frauen von gutem Ruf, sondern wir arbeiten an unserem rauen Stein, um innerlich frei zu werden.

Der hier genannte Freiheitsbegriff ist dabei niemals hedonistisch, sondern sollte immer ethisch-moralischen Leitlinien folgen. Jeder Freimaurer kann durch seinen Willen sein Leben und das seiner Mitmenschen zum positiven gestalten. Das Einlassen auf die Gemeinschaft der Loge und die Einordnung in den freimaurerischen Rahmen hilft dem Einzelnen, seine Freiheit zielgerichtet auszuleben. Wie man auch in der folgenden Grafik sehen kann, führt der einzige Weg zum Ursprung über den rechten Winkel und den Kubus.

Der Ursprung kann mit einer beliebigen Vorstellung vom Großen Baumeister aller Welten, dem eigenen wahren Willen oder dem freimaurerischen Ideal gleichgesetzt werden – dem behauenen Stein.

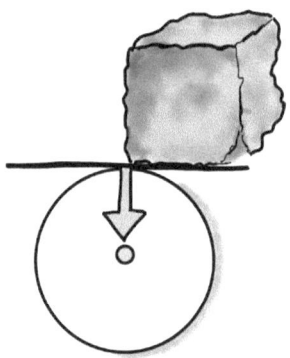

Der Weg zum Ursprung führt über den rechten Winkel

Und wenn auch das ideelle Ziel die Vollendung ist, so müssen wir uns bewusst machen, dass wir diese nur sehr schwer erreichen werden. Wichtig ist, dass wir die Sehnsucht nach dieser Vollendung in uns entdecken (Weisheit), die notwendige Kraft in uns finden (Stärke) und diese uns dazu verhilft, uns auf den Weg zu machen. Und wenn wir auch nur mit kleinen Schritten vorankommen und das Ziel noch weit vor uns liegt, dann sind wir doch vorangekommen auf unserem Weg zum Ideal (Schönheit). Der Weg ist das Ziel, die drei Säulen aus dem Tempel begleiten uns dabei.

Für den Mystiker folgt auf den Punkt der Selbsterkenntnis und der Beherrschung des Egos sowie der Elemente der nächste Schritt. Hier beginnt der spirituelle Pfad, der in der christlichen Mystik von Jacob Böhme, Meister Eckhart oder Paracelsus, der Kabbala, der Hermetik oder den indischen Upanischaden und nicht zuletzt symbolisch im Neuen Testament beschrieben wurde. Die Seele erlangt die Voraussetzung für das „Opus Magnum" der Hermetiker oder auch die „Unio Mystica", der Verschmelzung mit dem Ursprung, mit dem Licht, mit Gott, der Schöpfung, der Auferstehung oder was auch immer man sich darunter vorstellt.

Wir entdecken und verbinden uns mit dem göttlichen Ursprung, der in jedem von uns vorhanden ist.

So wie die Alchemisten symbolisch an der Verwandlung von unedlem Metall zu Gold gearbeitet haben, so veredelt auch der Freimaurer seinen Charakter und damit seine Seele, um zu wirklichem inneren Frieden zu gelangen. Damit verbunden ist auch immer ein positiver Effekt für die profane Welt, denn der ethisch handelnde Freimaurer wird Gutes im Alltag bewirken.

Aber macht es wirklich Sinn, in höherem Alter noch mit Selbsterkenntnis anzufangen? Hat ein vierzig- oder fünfzigjähriger Mann sich nicht schon ausreichend selbst erkannt? Die Antwort darauf ist vielfältig. In den meisten Fällen wird der offene Geist aber zu dem Schluss kommen, dass der Weg noch nicht beendet ist. Warum sonst wäre man auch Freimaurer geworden?

Auf dem Weg zur Selbsterkenntnis werden sich viele solcher Fragen auftun, denn das Ego ist sehr geschickt darin, uns davon abzuhalten, es zu erkennen. Wenn wir mit der Arbeit beginnen, entwickelt das Ego oft Widerstände, wenn wir diese nicht schon in vielen Varianten bereits in uns präsent haben. Auf der mentalen Ebene sind Überzeugungen und Glaubenssätze aus der eigenen Sozialisation eine Hürde, die unsere Wahrnehmung verzerren kann. Auf der emotionalen Ebene sind es alte Verletzungen, Ängste und die damit verbundenen Verdrängungen. Auf körperlicher Ebene sind es unsere Gewohnheiten und kleinen Schwächen und Gelüste, die uns an der Arbeit hindern oder uns davon ablenken.

Das Ego steht unserem „wahren Selbst" im Wege. Das „wahre Selbst" ist mit uns auf die Welt gekommen – unsere Anlagen und Persönlichkeit und das Sein losgelöst vom Zweck. Das Ego dagegen ist das, was wir durch Erziehung und Erfahrung aufgebaut haben. Das, was uns als vernünftig erscheint, um erfolgreich in dieser Welt zu bestehen. Wenn beides im Einklang steht, sind wir glücklich. Je größer die Spannung zwischen beiden ist, desto unwohler fühlen wir uns und desto getrennter sind wir. Es geht also darum, diese Spannung aufzulösen und die Illusionen des Egos zu erkennen, um wieder zum „wahren Selbst" durchdringen zu können.

Um dieses Ziel zu erreichen, arbeiten wir am rauen Stein und versuchen, den Kubus herzustellen, mit glatten Kanten und von allen Seiten betrachtet symmetrisch. Die Ecken und Kanten stehen für die Schwächen, Leidenschaften und schlechten Gewohnheiten des Lehrlings. Der Kubus steht mit seinen vier Ecken an jeder der sechs Flächen, acht Ecken und zwölf Kanten für das Vollkommene, für die endgültige Form. Es lohnt sich, länger über diese Zahlen und ihre mögliche Bedeutung nachzudenken.

4	=	Elemente
6	=	Liebe
8	=	Unendlichkeit
12	=	vollständiger Zyklus, Apostel, Tierkreiszeichen, Monate

Setzen wir auf den Kubus, der die vier Elemente und die Materie symbolisiert, noch die Pyramide, die für den Geist und die Zahl Drei steht, deuten wir damit an, dass es noch mehr gibt als die sichtbare Welt und unser wahres Ziel noch höher liegt. Betrachten wir die Synthese beider Formen, lässt sich eine Verschmelzung der materiellen Welt (ausgedrückt über den soliden Kubus) mit der geistigen Welt (dargestellt über die nach oben deutende Pyramide) vermuten.

Zahlen und Geometrie können bei der richtigen Betrachtung sehr viel erklären. Nicht umsonst hat Pythagoras versucht, mit diesen Werkzeugen dem Geheimnis der Schöpfung auf die Spur zu kommen und es auch ganz gut hinbekommen. Die Mathematik ist so etwas wie die Programmiersprache des Kosmos. Letztendlich lässt sich jedes physikalische Phänomen mathematisch ausdrücken und die Zahlen und Formen bilden den Schlüssel zu allen Zusammenhängen dieser Welt. Nicht umsonst wurde in allen Kulturen die Symbolsprache gewählt um die tiefen Geheimnisse über Jahrtausende zu vermitteln und verfügbar zu machen.

Die Freimaurerei ist eine Methode zur Entwicklung des Menschen und seines Verhaltens hin zu einer universellen Ethik. Damit schafft sie ganz nebenbei eine Vorstufe zu einer spirituellen Entwicklung, denn ohne ethische Haltung und ethisches Handeln ist jeder Schritt zu einer tieferen Spiritualität von vornherein zum Scheitern verurteilt.

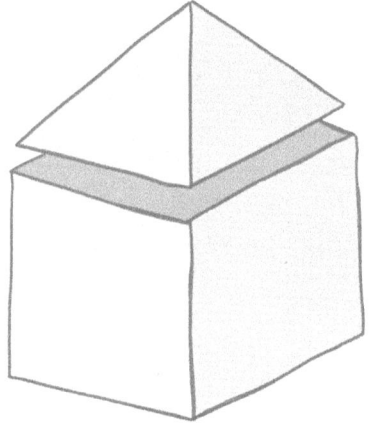

Der behauene Stein oder der Kubus ist die Basis für den weiteren Weg. Die Pyramide weist auf die nächsthöhere Ebene.

Das Schöne an der Freimaurerei ist, dass sie für den spirituell Suchenden ein wirksames Werkzeug sein kann, sie aber auch für den Agnostiker, den Atheisten oder den Bruder, der jede Form der Spiritualität für vollkommen überflüssig hält, ein wunderbares Werkzeug darstellt.

Die Freimaurerei ist kein Religionsersatz und wollte dies auch nie sein. Sie kann aber durchaus einen religiösen Charakter haben und in vielen Punkten geht sie über das Angebot der monotheistischen Religionen weit hinaus. Vielleicht ist sie in diesem Kontext so etwas wie die Quintessenz oder so wie es in den Alten Pflichten steht: „Die Religion in der alle Menschen übereinstimmen". Auf alle Fälle ist sie ein ethisch moralischer Bund und das älteste System der Persönlichkeitsentwicklung, dass auch heute in einer Welt voller Informationen, Videos, Methoden und Kursen immer noch ihre Berechtigung hat. Die Initiation, die Individualität, die Verbindlichkeit, das Ritual und die darin enthalten Symbolik sind das besondere an der Freimaurerei.

Diese Vielfalt und Freiheit unterscheidet sie von allen anderen Methoden und macht sie so einzigartig. Die „Königliche Kunst" braucht keine Dogmen, sondern bietet eine Vielzahl von Möglichkeiten, die der einzelne Bruder so für sich nutzen kann, wie und wann er es möchte. Sie ist damit im besten Sinne modern und aufklärerisch.

Auch wenn die Freimaurerei Spaß macht, so ist sie doch kein reines Freizeitvergnügen, sondern eine Lebenseinstellung. Freimaurer sein prägt den Menschen mit seinem ganzen Denken und Handeln und sie erzeugt im besten Fall eine neue Haltung zum Leben und zu den Menschen, die von Toleranz und Souveränität geprägt ist. Diese Haltung besitzt die Kraft für Veränderung zum Guten für Bruder, Schwester und deren Umwelt.

Die freimaurerische Methodik

Die Freimaurerei ist ein altes und bewährtes moralisches Lehrsystem, dass mit Gleichnissen und Sinnbildern arbeitet.

Das Besondere daran ist, dass es kein festes Arbeitsprogramm gibt, das zu absolvieren ist. Dadurch eröffnet sie dem Freimaurer viele Möglichkeiten, aber auf der anderen Seite lässt sie ihn auch ein wenig allein mit der großen Aufgabe. Hier setzt dieses Buch an, mit Anregungen und Inspirationen für die Arbeit an der eigenen Persönlichkeit.

In einem Vortrag habe ich mal folgendes Gleichnis gehört, was ich sehr passend finde:

Die Freimaurerei ist wie eine Bibliothek. Das Angebot ist unendlich groß und niemand kann alle Bücher lesen. Man kann sich die Bücher im Eingangsbereich ansehen oder auch nach bestimmten Dingen suchen. Dabei kommt man immer wieder in andere Abteilungen und die Bücher werden dort spezieller. Um mir Wissen zu erschließen muss ich auswählen und ich muss mir Zeit lassen, das Gelesene auch zu verstehen und anzuwenden. Ich kann auf Empfehlungen reagieren oder auch einfach mal in Bücher reinschauen. Letztendlich muss jeder für sich entscheiden, welche Bücher er lesen will und wie viele Bücher er lesen möchte. Und dann muss er oder sie bewerten, ob der Inhalt von Wert von ihm ist. Denen, die die Möglichkeit gegeben wurde, den Inhalt zu verstehen, stehen alle Möglichkeiten der Selbsterkenntnis und der persönlichen Entwicklung offen. Und wie in der profanen Welt, versteht man das eine besser als das andere und manches beliebt einem auch verschlossen, weil es einem nicht wichtig ist oder weil man es einfach nicht versteht. Und so wie jeder

Student etwas anderes aus seinem Studium macht, so kann auch jeder Freimaurer etwas anderes aus dem Angebot an Texten und Symbolen und vielen Jahrhunderten an Erfahrung machen.

Die Frage, ob die Freimaurerei nun ein rein humanitärer Weg ist oder eher ein spiritueller, soll hier nicht in der Tiefe diskutiert werden. Es wird viel darüber debattiert, ob die Esoterik der Freimaurerei nur eine überkommene Eigenart aus alten Jahrhunderten ist oder ob sie nach wie vor den Kern der freimaurerischen Arbeit ausmacht. Diese Frage, über die in unserem Bund unnötigerweise viel gestritten wird, ist im Grunde für die Arbeit am rauen Stein nicht wirklich essenziell.

Unbestritten ist, dass die Freimaurerei ein eklektisches System ist, in das vor allem im 18. Jhd. Viele verschiedene Einflüsse zusammengekommen sind. In der Symbolik finden wir neben den offensichtlichen Elementen der Bauhüttentradition eine Reihe von rosenkreuzerischen Symbolen je nach Lehrart auch alttestamentarische, kabbalistische oder alchemistische Bezüge. Ob diese Inhalte heute noch von Bedeutung sind, muss letztendlich jeder Freimaurer für sich entscheiden und herausfinden. Das Angebot ist auf alle Fälle vorhanden.

Die Freimaurerei funktioniert aus humanitärer wie spiritueller Sicht und beide Welten können wunderbar nebeneinander bestehen und sich gegenseitig bereichern. „Einheit in der Vielfalt" soll nicht nur für das Logenleben gelten, sondern auch für dieses Buch. In jedem Fall ist die moralisch-ethische Vervollkommnung des Menschen der Kern der freimaurerischen Arbeit.

Die esoterischen Bezüge in diesem Buch können dem

spirituell interessierten Bruder Ausgangspunkt für weitere Forschung sein und dem humanitär arbeitenden Bruder als Bild oder Allegorie dienen, um die Aufgaben als Lehrling besser zu verstehen.

Es ist für die Arbeit am rauen Stein nicht erforderlich, sich in der Tiefe mit Esoterik zu beschäftigen. Ich verspreche aber, dass es ein Gewinn sein wird, lässt sich der Leser auf diese vielleicht für ihn neuen Gedanken ein. Dabei ist es egal, welcher Lehrart man angehört und zu welchen Schlüssen man am Ende auch kommt.

Selbsterkenntnis ist für Gläubige, Esoteriker und Atheisten gleichermaßen möglich und sinnvoll, denn wir sind geeint durch den gemeinsamen Bau am Tempel der Humanität, dem großen Werk.

Der freimaurerische Weg bezieht sich primär auf das Diesseits, mit dem Ziel, Geist und Seele zu vervollkommnen. Auch der hermetische Weg bejaht im Gegensatz zu einigen gnostischen Schulen das Diesseits. Sie sieht im täglichen Erleben bei der Arbeit, in der Familie, im Erleben und Überwinden von Glück und Leid die beste Schule zur Arbeit am eigenen „Ich".

Vergessen wir nie, dass das Geheimnis der Freimaurerei in uns selbst verborgen liegt. Man kann es nicht verraten, geschweige denn aussprechen, denn es offenbart sich jedem Maurer auf seine Weise ganz individuell. Daher nutzt die Freimaurerei Symbole zum Transportieren von Botschaften, die nicht formulierbar sind und individuell verstanden werden müssen. Unbestreitbar sagt ein Bild mehr als tausend Worte, ein Symbol aber sagt mehr als tausend Bilder.

Die universellen Weisheiten, hinter dieser Symbolik sind vielleicht der wahre Schatz der Freimaurerei, der vor Missbrauch, Profanisierung und leichtfertigen Reformen geschützt werden muss. Durch **das bewahren** der Tradition und der Ritualtexte für spätere Generationen geben wir der Maurerei eine Zukunft und vielen neuen Brüdern die Möglichkeit, diese Wahrheiten in sich zu entdecken. Das sollten wir respektieren, auch wenn wir uns für eine rein humanistische Interpretation des Rituals entscheiden haben.

Die freimaurische Methodik besteht aus dem Lernen in der Gemeinschaft und dem Ritual mit seinen Symbolen, Texten und Abläufen. Das Ritual kann man sich nicht erlesen, es muss in seiner Mehrdimensionalität erlebt werden. Das freimaurerische Ritual ist initiatorisch, das heißt, die Inhalte werden tiefgreifend emotional auf verschiedene Bewusstseinsebenen erfahren. Dies ist eines der wesentlichen Merkmale der Freimaurerei, das sie von allen anderen Gruppierungen unterscheidet.

Das Ritual ist ein Abbild des universellen Gesetzes, denn es vereint in Symbolik und Texten Mikro- und Makrokosmos und gibt dem Lehrling die Möglichkeit, sich selbst als Teil des Universums zu erkennen.

Das Ritual lässt sich grundsätzlich auf mehreren Ebenen interpretieren und bietet auf jeder dieser Ebenen einen eigenen Zugang. Die fünf Ebenen sind:

1. **materielle Ebene**
   z.B. die Zeremonie, Ausstattung des Tempels, Musik und Atmosphäre

2. **symbolische Ebene**
   z.B. die Symbolik der Ritualtexte, die Tempel-ausstattung, der Arbeitsteppich

3. **intellektuelle Ebene**
   z.B. die Inhalte der Texte

4. **spirituelle Ebene**
   z.B. die Kontemplation im Ritual, die Initiation, die Ansprache des Unterbewussten

5. **mystische Ebene**
   z.B. die Erfahrung und die Erkenntnis beim Erleben des Rituals

Von Bruder zu Bruder kann die Wahrnehmung variieren und auch beim einzelnen Bruder wird, je nach Lebens-lage, die eine oder andere Ebene prioritär sein. Es ist also nur normal, wenn das Ritual vollkommen unterschied-lich erlebt wird und es kein „Richtig" oder „Falsch" geben kann. Allein diese Vielfalt sollte uns großen Respekt vor dem Ritual und seinen Bestandteilen lehren und uns davor hüten, leichtfertig Änderungen daran vor-zunehmen.

Wir arbeiten am Tempel der Humanität beziehungsweise am Salomonischen Tempel. Diese Bilder können unter-schiedlich interpretiert werden und die meisten Inter-pretationen haben ihre Berechtigung. Den Tempel aber primär als die eigene Person zu betrachten, macht für mich aus verschiedenen Gründen Sinn und soll für die weiteren Schritte in diesem Buch die Interpretation sein, die wir zugrunde legen.

Die Freimaurerei arbeitet mit der Lichtsymbolik. Das Licht steht für Wahrheit, Weisheit und Erkenntnis, vielleicht sogar für Erleuchtung. Vielleicht steht das Licht aber auch für den „Allmächtigen oder Großen Baumeister aller Welten" oder die mögliche Vereinigung mit ihm, der bereits erwähnten „Unio Mystica". Aber diese Betrachtungsweise ist nur eine von vielen Möglichkeiten und nicht zwingend für den erfolgreichen Weg als Lehrling.

Die Tempelarbeit weist viele Parallelen zum Schöpfungsakt auf, denn auch im Ritual kann man eine symbolische Darstellung der Genesis erkennen. Auch hier geht es immer darum, dass ausgehend vom Wort ein Prozess beginnt, der sich auf alle Ebenen des Lebens abspielt und letztendlich die Möglichkeit zur Entwicklung des Individuums aufzeigt. indem wir die Loge symbolisch vom Erdmittelpunkt zum Himmel öffnen, erschaffen wir im Tempel ein Abbild des Universums, eine Anderswelt, die losgelöst ist vom profanen Raum.

So heißt es auch im Ritual: „Wir öffnen die Loge vom Mittelpunkt der Erde bis zum Himmel". Wir befinden uns also in geöffneter Loge nicht mehr in einem profanen Raum, sondern eher in einem Zustand. Wir verbinden sozusagen den Makrokosmos mit dem Mikrokosmos getreu dem hermetischen Prinzip der Analogie „Wie oben so unten" oder „Wie im Kleinen so im Großen". Die Loge ist das Abbild des Kosmos und die freimaurerische Arbeit soll zum Licht führen.

Der Bruder oder die Schwester werden durch die Texte, die Atmosphäre und die Musik in eine Stimmung versetzt, die ihm oder ihr dabei hilft, sich als Teil des Universums zu fühlen. Das Herz soll sich dabei öffnen können für die Inhalte der Symbole. Und die damit verbundenen Botschaften. Vergleichbar mit dem ehrfürchtigen Gefühl, dass man in einer warmen Sommernacht beim Betrachten des Sternenhimmels hat, wenn einem die Unendlichkeit des Raums bewusst wird.

Wir finden in der freimaurerischen Symbolik viele geometrische Figuren wieder, die man, wie ein paar Seiten vorher schon beschrieben, auch auf die Lehren von Pythagoras zurückführen kann. Die Freimaurerei hat viele Bausteine dieser Analogien übernommen, denn jede dieser Formen kommt in der einen oder anderen Variante in unseren Tempeln vor. Und alle bauen aufeinander auf.

Viele freimaurerische Symbole leiten sich aus geometrischen Grundformen ab.

Auch für Platon war die Geometrie eine Weltsprache:

> *„Die Bedeutung der Geometrie beruht nicht nur auf ihrem praktischen Nutzen, sondern darauf, dass sie ewige und unwandelbare Gegenstände untersucht und danach strebt, die Seele zur Wahrheit zu erheben."*

Kombiniert man diese Symbole mit denen der Werk-maurerei, erhält man das Zentrum der Loge, den Arbeits-teppich. Dieser zeigt den Weg des Maurers von der Dualität, dargestellt durch das musivische Pflaster, über die Arbeit mit den Werkzeugen (Senkblei, Winkelwaage, Hammer, Maßstab, Winkelmaß und Zirkel) bis hin zur transzendenten Ebene des spirituellen Wachstums, symbolisiert durch Sonne, Mond und Sterne sowie den flammenden Stern.

Die meisten Arbeitstafeln weisen drei zentrale Bereiche auf, die der Freimaurer auf seinem Weg zu meistern hat, wie man in der folgenden Grafik erkennen kann.

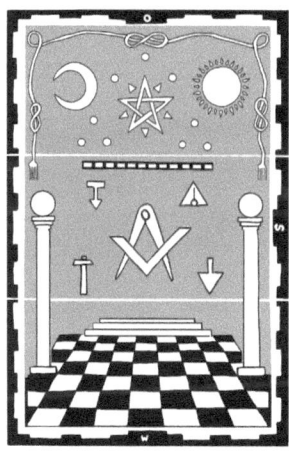

Transzendenz
(Meister - schaue über Dich)

Werkzeuge
(Geselle - schaue um Dich)

Profane Welt, Dualität
(Lehrling - schaue in Dich)

Auf dem Teppich finden wir zwei weitere wichtige hermetische Symbole. Die beiden Säulen des Salomonischen Tempels J und B, die für das männliche und weibliche Prinzip stehen und gleichzeitig für die elektrische (ausdehnend) und magnetische (zusammenziehend) Qualität des Universums und dieser Welt, die damit schon wichtige Bausteine der hermetischen Philosophie darstellen.

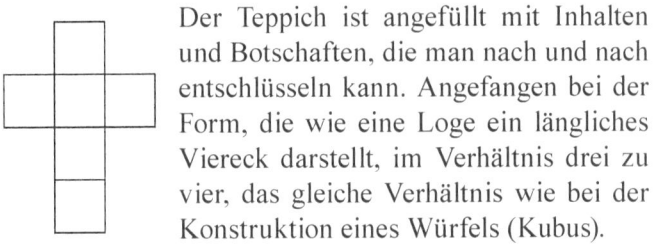 Der Teppich ist angefüllt mit Inhalten und Botschaften, die man nach und nach entschlüsseln kann. Angefangen bei der Form, die wie eine Loge ein längliches Viereck darstellt, im Verhältnis drei zu vier, das gleiche Verhältnis wie bei der Konstruktion eines Würfels (Kubus).

Man findet in der Anordnung der Symbole auf dem Teppich sehr viele geometrische Zusammenhänge, wie rechte Winkel, Kreis, Dreieck und auch Verhältnisse, wie z. B. den Goldenen Schnitt. Je nach Lehrart ist die Konstruktion und Anordnung der Symbole im Detail verschieden:

Das ist nicht leicht zu verstehen und für den Lehrling am Anfang auch noch nicht relevant. Es zeigt aber wie viel Inhalt in allen Aspekten der Freimaurerei vorhanden ist denn jeder dieser Konstruktionen liegt eine tiefe inhaltliche Basis zu Grunde, die, wenn sie richtig verstanden wird, neue Erkenntnisse bringen kann.

Für einen ersten Eindruck habe ich hier einen Arbeitsteppich und eine geometrische Struktur abgebildet, bei der man die Grundprinzipien der Konstruktion gut erkennen kann.

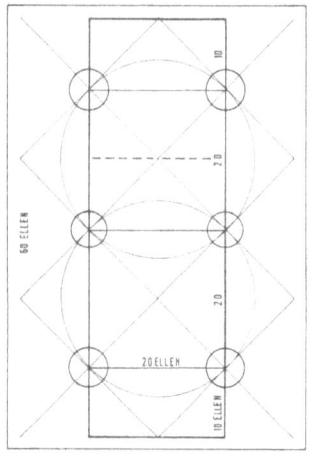

Die Anordnung der Symbole auf dem Teppich ist also alles andere als zufällig. Ob man nun den kabbalistischen Lebensbaum als Struktur verwendet oder eine andere Systematik, die auf Vierecken und Kreisen aufbaut. Je länger man sich damit beschäftigt, desto mehr erkennt man, dass alles miteinander zusammenhängt: die Form, die Symbole und die Texte. Die meisten Arbeitstafeln können mit Hilfe von Winkelmaß und Zirkel konstruiert werden. Das gibt einen Hinweis darauf, warum diese beiden Symbole in der Freimaurerei so wichtig sind.

Wenn man sich einmal intensiv mit der Konstruktion der Arbeitstafeln auseinandersetzt, wird man feststellen, dass man den Bezug auch zum spirituellen Weg der Erkenntnis deutlich erkennen kann.

Wer sich hierfür interessiert und tiefer in die Konstruktion der Arbeitstafeln und ihrer Bedeutung eindringen möchte wird in den Artikeln zur Konstruktion der Arbeitstafeln im Freimaurer-Wiki[viii] fündig.

Neben den Symbolen sind es aber auch die Texte, die entscheidende Botschaften vermitteln. Das Ritual verbindet alle diese Elemente mit allusiven Texten, die in ihrer Wiederholung ebenfalls eine Wirkung auf den Freimaurer ausüben sollen. Er wird bei jeder Tempelarbeit an seinen Weg erinnert. Die Aufgabe, sich zu bemühen, ein würdiger Bruder zu sein, sich in der Welt zu bewähren, aber auch unaufhörlich an der eigenen Vervollkommnung zu arbeiten.

Die Loge, die Beamten, die Symbolik und das Ritual bilden zusammen eine Darstellung der Welt in ihrer ganzen grobstofflichen und feinstofflichen Existenz und aller darin enthaltenen Geheimnisse.

Wenn man sich das als Lehrling vergegenwärtigt, wird einem klar, dass es viel mehr zu entdecken gilt, als man auf den ersten Blick dachte. Wie ein Buch liegt es bei jedem Ritual vor uns, aber die Sprache ist uns fremd und wir müssen lernen, um zu verstehen. Und vor allem müssen wir das Herz öffnen für die Sprache der Symbole auf dem Teppich und in den Ritualtexten.

Die Freimaurerei ist eine Einübungsethik, das heißt, der Bruder wird immer wieder im Ritual mit Symbolen und Inhalten konfrontiert und verinnerlicht die Aufforderungen und Botschaften, die vor Hunderten von Jahren formuliert wurden und zum größten Teil immer noch von hoher Aktualität sind. Die Wiederholung ist dabei zentral, denn die Inhalte lassen sich nicht durch lesen alleine erkunden. Es geht um die wiederholte Konfrontation mit bestimmten Inhalten, die im richtigen Augenblick, wenn der Bruder oder die Schwester aufnahmebereit dafür sind, den Eingang ins Bewusstsein finden.

Wenn diese Inhalte aus dem Unterbewussten ins Bewusstsein geholt, reflektiert und in Bezug auf die eigene Person verarbeitet sowie in der Loge und im profanen Leben umgesetzt werden, dann wächst der Freimaurer kontinuierlich. Die Symbole prägen sich ein, laden sich mit eigenen Gedanken und Gefühlen auf, wandeln sich zu Erkenntnissen und werden zum Bestandteil der eigenen Persönlichkeit, indem sie immer präsenter werden und zur Reflektion des eigenen Handelns im Alltag anregen. Ein ernsthafter Maurer wird sich schon als Lehrling öfter die Frage stellen, ob sein Verhalten winkelgerecht ist und nach ehrlichen Antworten suchen. Und je weiter er fortschreitet erkennt er die eigenen Stärken und Schwächen und wächst als Person.

Ganz bewusst hat die Freimaurerei die Grade Lehrlinge, Geselle und Meister. Der Lehrlingsgrad führt dem neuen Freimaurer symbolisch vor Augen, dass er wenig weiß und viel zu lernen hat. In manchen Logen werden ihm bestimmte Pflichten übertragen, wie die Bedienung bei Tisch oder das Abbauen des Tempels. Das ist für manch einen Lehrling, der im profanen Leben vielleicht eine bedeutende Position innehat, eine große Herausforderung. Es ist aber nicht nur wichtig, für den aufrichtigen Weg zur Selbsterkenntnis und zum Ablegen allen Stolzes, sondern es ist auch wichtig, um zu erkennen, dass der Wert des Menschen nicht nur im wirtschaftlichen oder gesellschaftlichen Erfolg liegt, sondern in seinem Verhalten und im Zustand seiner Seele.

In der ihm zugewiesenen Rolle in der Loge erlernt der Lehrling dies nicht nur theoretisch, sondern er erfährt es am eigenen Leibe. Im Unterricht zu lernen, beim Besuch einer fremden Loge Unsicherheit über das richtige

Verhalten zu empfinden, Brüder um Hilfe und Begleitung zu bitten, all das ist wichtig, um die Seele zu öffnen für die Erkenntnis, dass man erst ganz am Anfang des Weges steht.

Am Anfang ist manch ein Bruder irritiert, wenn er mit den zahlreichen Regeln vertraut gemacht wird. So eine Tafelloge kann schon mal etwas „militärisch" anmuten und auch sonst findet man vieles, dass man mit preußischen Tugenden in Verbindung bringen könnte. Es gibt Regeln dafür wer wann was sagt, wie man geht und wie man isst und trinkt. Es gibt eine Hierarchie auch wenn diese nichts mit den Personen zu tun hat, sondern nur mit Ämtern. Das alles kann man als aufgeklärter moderner und eigenständiger Mensch, der vielleicht im profanen Leben selbst die Regeln bestimmt, durchaus merkwürdig finden. Wenn man sich aber bewusst macht, dass es in fast allen Gruppen Regeln gibt, damit das gemeinsame Wirken funktioniert dann wirkt das ganze vielleicht nicht mehr ganz so ungewöhnlich.

Für den Lehrling geht es aber darum, sich ein Stück weit zurückzunehmen, seine Aufmerksamkeit zu entwickeln, zuzuhören und letztendlich etwas Demut zu üben, was gerade in der heutigen Zeit ebenso ungewohnt wie wichtig ist.

Nicht zuletzt das Singen der Nationalhymne wirkt auf den einen oder anderen anfangs durchaus irritierend, insbesondere bei jüngeren Brüdern und Schwestern, bei denen die Nationalhymne entweder gar nicht oder auch eher traditionell negativ aufgeladen ist. Hier geht es in der Freimaurerei darum, sich den Regeln der Gruppe unterzuordnen. Etwas, dass in einer Zeit der zunehmenden Individuation und Selbstbestimmung ein sehr ungewohnter Prozess ist.

Um hier Zugang zu finden, hilft ein Zitat aus Goethes Sonett der Kunst:

> *„Wer Großes will, muss sich zusammenraffen;*
> *In der Beschränkung zeigt sich erst der Meister, und*
> *das Gesetz nur kann uns Freiheit geben."*

Über diesen Satz lohnt es sich, einmal länger nachzudenken. Mir ist dabei klar geworden, dass ich durch die Unterordnung unter ein Ritual von vielen Mechanismen des Egos befreit werden und meine Energie ganz auf mein Innerstes konzentrieren kann. Die strenge Ordnung des Rituals befreit mich und meinen Geist, sie gibt mir Raum für das, was im Ritual passiert. Ein Paradoxon, das mich seitdem begleitet.

Das Ritual im Tempel ist ein mächtiges Werkzeug, wenn es dann von allen Beteiligten mit Ernst und Professionalität umgesetzt wird. Es ist der Kern der freimaurerischen Arbeit und kann, wenn man zwischen den Tempelarbeiten ernsthaft nach Erkenntnis und Verbesserung strebt, jedes Mal einen neuen Impuls setzen, um in der Arbeit am rauen Stein weiter voranzuschreiten. Daher ist es sehr wichtig, mindestens einmal im Monat an einer Arbeit teilzunehmen. Als Meister wird man viele Texte schon verinnerlicht haben, sodass man auch in der Lage ist, die Position eines Beamten im Ritual verantwortungsvoll auszufüllen. Diese Aufgabe ist absolut zentral, denn die Wirkung des Rituals hängt maßgeblich davon ab, mit welcher Inbrunst die Beamten das Ritual zelebrieren.

Bereits als Geselle empfiehlt sich der Besuch unterschiedlicher Lehrarten, denn da fast alle Rituale im Laufe der Jahrhunderte umgearbeitet wurden, ist vieles verschwunden und manche Aussage ist heute lückenhaft. In Ritualen anderer Lehrarten findet man oft die fehlenden Puzzleteile, die einem zu einem ganzheitlichen Verständnis des eigenen Rituals verhelfen können.

Für den Lehrling gilt es aber erst einmal, das eigene Ritual zu durchdringen und sich anzueignen.

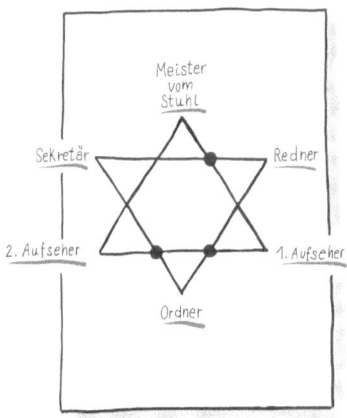

Auch in der Position der Beamten kann man die Symbolik erkennen.

Die Initiation

Viele Lehrlinge werden sich nur noch bruchstückhaft an ihre Aufnahme erinnern können. Erst wenn man selbst im Nachgang einer Aufnahme in der Kolonne beiwohnt, kommen die Dinge zurück in die Erinnerung und man versteht Stück für Stück, was mit einem selbst geschehen ist. Mit der Initiation wird der Lehrling in die Freimaurerei eingeführt und ist danach Teil der Weltbruderkette.

Die Aufnahme des Suchenden erfolgt in drei Schritten, so wie es im Grunde bei jeder Initiation seit der Antike der Fall war. Es geht darum, durch das emotionale Erleben aufzurütteln und zu einem Neubeginn zu bewegen, indem das Bewusstsein geöffnet wird. Es geht wie in jeder Initiation im ersten Schritt um Verunsicherung und Deprivation, um die Aufnahmefähigkeit zu erhöhen und den Weg zum Unterbewusstsein zu öffnen. Im zweiten Schritt wird man mit Inhalten konfrontiert, um dann im dritten Schritt von der Gruppe aufgenommen zu werden. Symbolisch stirbt der alte Mensch, indem er alle irdischen Güter ablegen muss und alleine in der dunklen Kammer sitzt, als wenn er in einen dunklen Abgrund gestiegen wäre, um sich dort seinen Gedanken hinzugeben.

In früheren Zeiten und noch immer in einigen wenigen Logen steht an den Wänden der Dunklen Kammer die Inschrift VITRIOL. Diese deutet auf die alchemistischen Wurzeln der Rituale hin.

„Visita Interiora Terrae Rectificando Invenies Occultum Lapidem",

zu Deutsch: „Suche das Untere der Erde auf, vervollkommne es, und du wirst den verborgenen Stein finden."

VITRIOL ist unter anderem ein alchemistisches Symbol für den Prozess der Transmutation, also der symbolischen Wandlung von Blei zu Gold. Auf die Freimaurerei bezogen, steht diese Analogie stellvertretend für den Weg vom rauen Stein zum Kubus, von der Dunkelheit zum Licht der Erkenntnis, zur Vervollkommnung.

Nach der dunklen Kammer muss sich der zu Initiierende reinigen und Prüfungen bestehen, um als neuer Mensch wiedergeboren werden zu können. Bei der Reinigung soll er sich von allem entledigen, was das Licht hindern könnte, zu ihm durchzudringen. Der Suchende muss sich also durchlässig machen. Er muss Altes loswerden, um Platz zu schaffen für das Licht der Erkenntnis. In allen Lehrarten hat der Suchende die Augen verbunden, nicht nur weil er noch blind für die höheren Erkenntnisse ist, sondern auch weil er sich dem führenden Bruder ganz anvertrauen soll. Er übergibt sich also buchstäblich in die Hände der Bruderschaft und erträgt Unsicherheit und Furcht.

In einigen Lehrarten wird der Suchende bei der Aufnahme mit den vier Elementen vertraut gemacht. Ein Zeichen dafür, dass diese für seinen weiteren freimaurerischen Weg eine Bedeutung haben werden.

Bei den symbolischen Wanderungen wird der Suchende eindringlich vom Meister vom Stuhl gemahnt, ernsthaft an sich zu arbeiten:

> *„Mein Herr, suchen Sie nicht ernsthaft die Wahrheit und ringen Sie nicht mit der Kraft der Sehnsucht nach menschlicher Vollendung, so verlassen Sie diesen Ort, ehe Sie uns und sich selbst eine Enttäuschung bereiten.*
> *...*
> *... Zu hoher Vollkommenheit ist der Mensch bestimmt, aber weit ist der Weg, der dorthin führt."*

Wer diese Worte richtig versteht, wird seine Aufgabe, die mit dem Eintritt in den Bund verbunden ist, deutlich erkennen.

Am Ende des Rituals wird dem Suchenden das Licht erteilt, also bereits ganz am Anfang des freimaurerischen Weges. Wir können uns denken, dass es so schnell mit der Erkenntnis wohl doch nicht geht und das Licht vom Suchenden wohl gesehen wurde, aber noch lange nicht erworben ist. Die Lichterteilung kann also nur ein Symbol sein für das wirkliche Licht, das der Freimaurer am Ende seines Weges vielleicht finden kann.

Im besten Fall hat die Aufnahme beim Lehrling neben dem Gefühl der Verbundenheit zu seinen Brüdern auch das Interesse an dem freimaurerischen Weg geweckt und ihm bewusst gemacht, dass sich ihm eine großartige Möglichkeit zur eigenen persönlichen Entwicklung eröffnet hat. Eine Tür, der noch viele weitere Türen folgen werden.

Das Aufnahmeritual gibt den Bauplan für die lebenslange Arbeit vor, die als Lehrling mit dem „Schaue in dich" beginnt. Der Suchende kann schon hier eine Idee vom „Geheimnis" der Freimaurerei erhalten. Es beginnt das Zusammenspiel von Erkenntnis, Empfindung, Reflektion, Glauben, Philosophie, Geometrie, Ethik und Metaphysik.

Das erste Ziel der Arbeit als Freimaurer ist die Verwirklichung des Kubus.

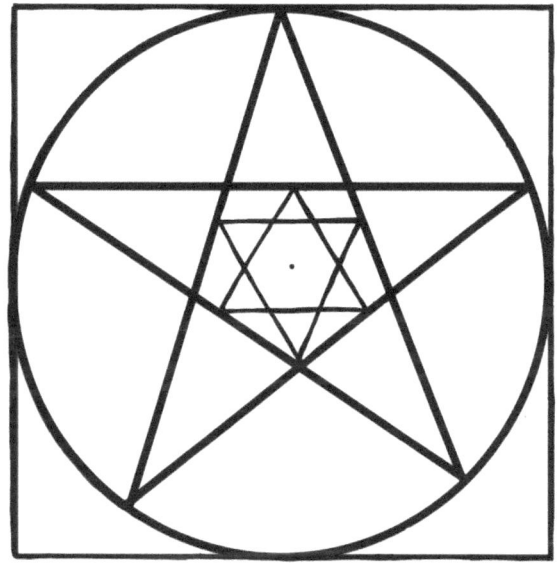

Der Kubus führt zurück zum Kreis. Das Pentagramm weist den Weg zum Ziel, dem sechsstrahligen „Flammenden Stern". Alles hängt miteinander zusammen. Es ist eins und entspringt dem Ursprung

Geselligkeit und Brüderlichkeit

Das Zusammensein mit Brüdern, die die Umstände ihrer Aufnahme und die gleichen ethischen Grundvorstellungen teilen und die sich alle einer gemeinsamen Idee verpflichtet fühlen, schafft eine Energie, die jeder Bruder in der Loge spüren kann. Sie hilft dabei, die Gedanken richtig auszurichten. Diese gemeinsame Energie, die jedem Bruder Kraft und Zuversicht gibt, ist eine der Hauptaufgaben oder Qualitäten der Loge. Die Loge schafft den Rahmen, in dem der einzelne seine individuelle freimaurerische Arbeit umsetzen kann. Sie schafft durch die gruppendynamischen Prozesse die notwendige Verbindlichkeit und Kontinuität.

Der Wille, Gutes zu tun und die Verbindung zu den freimaurerischen Grundprinzipien bei den einzelnen Brüdern addieren sich und werden dadurch stärker. Hier wirkt die Gruppendynamik ebenso wie die feinstoffliche Verdichtung von Gedanken. Deshalb ist die Loge ein wichtiges Hilfsmittel auf dem freimaurischen Weg und es macht sehr viel Sinn, die Gedanken miteinander zu teilen und im Ritual gemeinsam zu arbeiten.

Die Loge ist aber auch Übungsfeld, um zu lernen, sich in eine Gruppe einzufügen und zu ihrem Vorteil zu handeln. Man könnte meinen, dass erwachsene Männer in Schule, Studium, Beruf, Familie und Vereinen genug Gelegenheit hatten, dies zu üben, aber der Lehrling wird nach wenigen Wochen feststellen, dass auch die Brüder Meister noch viele Ecken und Kanten haben, an denen es sich zu arbeiten lohnt.

Für den motivierten Lehrling kann es schon manchmal etwas desillusionierend sein, wenn man in der Loge Freimaurer erlebt, die, obwohl schon Jahrzehnte dabei und auch schon oft höhere Erkenntnisstufen erreicht haben, sich nicht unbedingt wie weise Freimaurer verhalten. Es kommt durchaus vor, dass gestritten wird, um Posten gerangelt und Eitelkeiten gepflegt werden. Von diesen Erscheinungen sollte sich der Lehrling nicht entmutigen lassen. Die Freimaurerei ist kein Allheilmittel und nicht jeder Bruder ist auf seinem Weg erfolgreich. Diesen Anspruch hat die Freimaurerei aber auch nie erhoben. Sie verspricht nichts, bietet aber Möglichkeiten und die kann man als Freimaurer nutzen und der Kluge tut dies auch. Auch wenn nicht alle perfekt sind, ist wohl davon auszugehen, dass die Brüder durch die Freimaurerei zumindest ein Stück weit besser sind als sie es ohne die Mitgliedschaft in der Loge wären.

Wenn man ältere Brüder darauf anspricht, wird man meistens hören, dass Freimaurer ja auch nur Menschen sind. Damit sollte der Lehrling sich aber nicht begnügen. Natürlich sind Freimaurer keine besseren Menschen und sie haben Fehler. Was sie aber unterscheidet, ist ein Anspruch, den sie an sich selbst gestellt haben und den sie bei der Aufnahme nach langer Prüfung bekräftigt haben. Daraus leitet sich die Verpflichtung ab, sich zumindest immer zu bemühen und ernsthaft daran zu arbeiten, diesen Anspruch zu erfüllen. Spätestens wenn er von einem Bruder darauf angesprochen wird, sollte der Meister, der sich im Ton vergriffen hat, in sich gehen und über sein Verhalten nachdenken. Im Grunde ist es einfach: Es geht um den eigenen Stein, und daher liegt die Lösung eines Problems erstmal bei einem selbst. Wenn man weniger über die Fehler bei sich selber und mehr über die des anderen spricht, liegt man daher also meistens falsch.

Der Freimaurer sollte sich beim Wirken in der profanen Welt immer bewusst sein, dass wenn er oder sie bekennender Freimaurer ist, sein oder ihr Verhalten an diesen Maßstäben gemessen wird. Sehr schnell führt ein Fehlverhalten eines Freimaurers oder einer Freimaurerin dazu, dass Vorurteile bestätigt und das Verhalten auf „die" Freimaurer übertragen wird. Mit dem Eintritt in den Bund erhöht sich daher die Messlatte für das eigene ethisch-moralische Verhalten.

Die Loge soll aber nicht nur Ort der Arbeit sein. Sie bietet auch einen geschützten Raum, der von großem Wohlwollen und Vertrauen geprägt ist. Damit unterscheidet sich die Loge essenziell von der profanen Welt. Sie ermöglicht Offenheit und Ehrlichkeit ohne Risiko, weil über die Gespräche in der Loge Verschwiegenheit gegenüber der profanen Welt herrscht. Hier zählt nur der Mensch allein und nicht seine gesellschaftliche Position oder sein Vermögen.

Arbeit am rauen Stein bedeutet, dass wir uns nicht so viele Gedanken darüber machen sollten, was die Brüder vielleicht besser machen könnten oder welches Fehlverhalten uns bei den Brüdern auffällt. Wir sollten uns darauf beschränken, darüber nachzudenken, was wir selber zum Logenleben beitragen können. Das ist umso wichtiger, weil eine gute Logenarbeit von dem Engagement der Brüder und Schwestern abhängt. Nur wenn jeder seinen Teil beiträgt kann es dauerhaft funktionieren.

Die Loge ist wie ein Körper. So wichtig der Meister vom Stuhl als Kopf auch ist, letztendlich ist der nichts ohne seine Gliedmaßen.

Wir müssen bei allem Streben nach Vervollkommnung immer demütig bleiben und uns der eigenen Limitierungen bewusst sein. Wenn wir uns selbst überschätzen, besteht die Gefahr, dass man in allem, das anders ist als man selbst, Fehlerhaftigkeit erkennt. Es besteht die Gefahr, dass wir, um uns selbst aufzuwerten oder nicht kritisieren zu müssen, auf andere herabschauen. Der Grund dafür liegt dann oft darin, dass wir im Gegenüber unseren eigenen Schatten oder verdrängte Schwächen erblicken, das Spiegelbild unserer eigenen Unvollkommenheit, das, was wir selber nicht erkennen wollen – unseren blinden Fleck. Jesus hat das mal ganz gut auf den Punkt gebracht:

> *„Was siehst du aber den Splitter*
> *in deines Bruders Auge,*
> *und wirst nicht gewahr des Balkens*
> *in deinem Auge?"*

Für den Freimaurer ist es ratsam, im Umgang mit anderen davon auszugehen, dass der andere im Grunde gut ist und aller Wahrscheinlichkeit nach aus reinem Herzen handelt. Dies ist das beste Mittel, den Bruder oder Mitmenschen zu verstehen. Wenn ich voraussetze, dass der Bruder den gleichen Anspruch an sein Verhalten als Freimaurer hat wie ich selbst, bin ich in der Lage, ihn wirklich zu verstehen. Ohne diese Voraussetzung verstehen wir nicht, sondern wir interpretieren und deuten es nur aus unserer eigenen Perspektive. Es ist daher mehr als ratsam, grundsätzlich eine sogenannte „Wohlwollensvermutung" an den Tag zu legen.

Wie in jeder Gruppe gibt es Brüder, die einem näher stehen als andere. Aber in der Loge sind wir alle Brüder. Daraus ergibt sich die einmalige Chance, Menschen kennenzulernen, die man in der profanen Welt nicht unbedingt kontaktiert hätte. Für den Lehrling geht es darum, sich von Vorurteilen zu befreien und insbesondere auf Brüder zuzugehen, die ihm vielleicht nicht auf Anhieb sympathisch sind. Oft wird er im Gespräch feststellen, dass sich hinter der Fassade spannende Geschichten und Schicksale verbergen. Manchmal wird er seine Vorteile bestätigt sehen, aber das ist dann Gelegenheit, sich in Toleranz und Respekt zu üben.

Wichtig ist hierbei aber das Erlernen des Umgangs mit Brüdern, die einem nicht auf Anhieb nahe sind. Dabei lernt der Lehrling das Überwinden des eigenen Urteils und er lernt, seine Grenzen auszuweiten. Jede dieser Erfahrungen stärkt sein Gespür für die Mitmenschen.

Am Ende der Lehrlingszeit sollte man mit jedem Bruder seiner Loge ein Gespräch geführt haben. Zur Hilfe kann man sich die Mitgliederliste nehmen und nacheinander einen Haken an den jeweiligen Namen machen. Bei im Schnitt dreißig bis vierzig aktiven Brüdern pro Loge sollte dies in einem Jahr zu bewältigen sein. Und wenn es nur zwanzig Gespräche sind, so ist damit auch schon viel erreicht.

Ich kann hierzu nur sagen, dass ich auf diesem Weg tolle Menschen und gute Freunde gefunden habe, die ich im profanen Leben nie kennengelernt hätte, alleine weil sie nicht meinem gewohnten Schema entsprochen haben.

Manch ein Bruder mag gesellige Veranstaltungen wie Weihnachtsfeiern und Ausfahrten für verzichtbar halten.

Ich muss gestehen, dass es mir am Anfang auch so gegangen ist. Jeder Bruder, der so denkt, sollte diese Veranstaltungen als Übung ansehen. Wenn er versucht, das Gute an diesen Zusammentreffen zu erkennen und mit Brüdern ins Gespräch zu kommen, dann wird er davon profitieren. Vielleicht erkennt er auch, dass er sogar Spaß an den Aktivitäten findet, zumindest manchmal.

Zur freimaurerischen Arbeit gehört die Geselligkeit dazu, als Übung, als Beitrag für das Logenleben oder einfach auch nur aus Spaß und Freude. Der Lehrling sollte sich daher ausreichend Zeit für gesellige Aktivitäten im Bruderkreis nehmen.

Der Alltag als Übungsfeld

Die Freimaurerei betrachtet das Diesseits nicht als ein „Jammertal" – wie manche Gnostiker. Die reale Welt ist für den Freimaurer kein zu überwindender Zustand, sondern das zentrale Lebensfeld. Der Freimaurer lebt im Hier und Jetzt und richtet sich primär auch in ihrem Ziel auf das Wirken im Diesseits aus. Erst die Familie, dann die Arbeit, dann die Loge. Diese Regel ist wichtig, damit wir uns nicht abwenden von der Welt, sondern in ihr lernen und sie gestalten.

Dieser Ansatz unterscheidet die Freimaurerei deutlich von anderen Initiationswegen und macht ihre besondere Qualität aus.

Der Alltag bietet uns so unendlich viele Möglichkeiten, unser im Ritual erlerntes Wissen zu üben, Herausforderungen anzunehmen und uns als Freimaurer zu bewähren. Dabei kann jeder kleine Konflikt mit unserem Partner, der Ärger auf der Arbeit oder auch schon das Stehen im Stau Gegenstand zur Übung sein. Regen wir uns nicht auf, sondern betrachten wir die Situation in Ruhe und mit Distanz. Beobachten wir unser Gefühl und versuchen, das Gegenüber zu verstehen. Versuchen wir über die Situation zu lachen und nutzen wir jede Zeit, die beispielsweise durch Warten entsteht, für einen Augenblick der Ruhe und Einkehr.

Wenn wir mit den kleinen Begebenheiten und Ärgernissen des Alltags richtig umgehen, werden wir viel weniger Ärger im Alltag verspüren. Wir werden uns zufriedener fühlen und selbstsicherer sein. Wir fangen an, nicht mehr vom Alltag bestimmt zu werden, sondern durch die Bewusstmachung bestimmen wir unseren Alltag selbst.

Auch wird es uns niemals an Zeit fehlen für unsere Übungen. Der ganze Tag ist unser Freund, mit allem, was passiert. Nehmen wir die Dinge an und denken wir kurz darüber nach, anstatt uns den spontanen Gefühlen hinzugeben. Wenn wir das tun, werden wir von Tag zu Tag merken, wie wir wachsen und ganz nebenbei auch noch viele Probleme aus unserer kleinen Welt schaffen und den persönlichen Erfolg in Beziehung, Arbeit und anderen Dingen verbessern.

Auch Krisen können eine große Chance auf dem freimaurischen Weg sein. Es ist ein häufig beschriebenes Phänomen, dass das Leben für den, der sich auf den Weg macht, immer wieder Herausforderungen parat hat. Das können Probleme im Beruf, Trennungen, Unfälle, Krankheiten oder seelische Krisen sein. Das Leben kann da recht brutal sein. Natürlich sind diese Erlebnisse auch für Freimaurer oft schwer und unerträglich. Aber wer mit diesen Herausforderungen bewusst umgeht und versucht, sie als Chance zu begreifen, dem wird es in vielen Fällen leichter fallen, diese Krisen zu überwinden.

Freimaurerei kostet Zeit. Einen Abend die Woche Besuche in anderen Logen, Festivitäten, das Studium von Unterrichtsmaterialien, Bücher und vieles mehr. Wenn jetzt noch ein paar praktische Übungen, wie in diesem Buch beschrieben, dazukommen, könnte es für manch einen stark eingebundenen Bruder anstrengend werden. Deshalb ist es wichtig, die Freimaurerei in den Alltag zu integrieren. Die Arbeit am rauen Stein sollte zu etwas Alltäglichem werden und es sollte Spaß machen. Wenn man die Sache richtig angeht, dann stellt sie keine zusätzliche Belastung dar, sondern gibt Ruhe, Sicherheit, Kraft und Energie für die Herausforderungen des Lebens.

Wer sich ernsthaft bemüht, Freimaurer zu sein, der wird schnell merken, wie er oder sie selbstsicherer wird. Er oder sie wird seine oder ihre Handlungen öfter an den Werten der Freimaurerei messen und dadurch mit der Zeit sein Wirken in der Welt verbessern. Das Gefühl, Teil einer weltumspannenden Bruderkette zu sein, die ein gemeinsamer Wertekanon verbindet, stärkt das eigene Selbstvertrauen.

Mit der Zeit findet der Freimaurer oder die Freimaurerin immer häufiger den Mut, diese Werte auch in schwierigen Situationen zu leben. Man wird unangreifbarer, das Urteil der anderen wird unwichtiger und die Sicherheit, das Richtige zu tun, wächst von Jahr zu Jahr.

Freimaurerei kann dazu führen, dass man als gereifter und reflektierter Mensch souveräner wird und das bleibt dem persönlichen Umfeld nicht verborgen, denn davon profitieren Partner, Kinder, Freunde und Kollegen.

Sichtbare und unsichtbare Welt

Der Freimaurer ist tendenziell eher kein schwärmerischer Fantast, sondern ein vernunftbegabter Mensch. Deshalb schätzt und studiert er die Wissenschaft, versucht ihre Prinzipien zu verstehen, aber erkennt auch ihre Grenzen. Freimaurer versuchen, frei von Dogmen zu sein und daher gibt es auch keine Notwendigkeit, an einen bestimmten Gott zu glauben.

Die Statuten der United Grand Lodge of England (UGLE) beschreiben aber als Voraussetzung für einen Freimaurer die Anerkennung eines „Supreme Being", also einer höheren Macht, Kraft, Wesen oder was auch immer der Freimaurer sich darunter vorstellt. Man kann darüber streiten, ob so eine Vorschrift notwendig und zeitgemäß ist. Meines Erachtens ist sie auf alle Fälle logisch und folgerichtig, denn viele Teile des Rituals bauen darauf auf. Das „Supreme Being" muss hier aber rein gar nichts mit den Gottesvorstellungen der bekannten Weltreligionen zu tun haben.

Die Frage ob der Glaube an Gott für die Freimaurerei notwendig ist, wird oft gestellt und kontrovers diskutiert. Die Zugehörigkeit zu einer Religion ist es mit Sicherheit nicht. Es spricht aber vieles dafür, dass man zumindest mit dem Begriff eines „Supreme Being" irgendetwas anfangen kann, denn das Ritual und die Symbolik nimmt vielfach Bezug auf Dinge, die etwas mit Transzendenz zu tun haben. Man muss allerdings auch zur Kenntnis nehmen, dass es unabhängig von den sog. „Alten Pflichten" durchaus eine Reihe von Brüdern und Schwestern gibt, die sich als Atheisten bezeichnen würden und sich trotzdem in der Freimaurerei sehr wohl fühlen.

Die meisten Freimaurer, ob religiös oder nicht, können für sich erkennen, dass die Materie Wunder vollbringt, indem sie Leben und Geist hervorbringt, und sie sehen auch die große Weisheit, die dem komplexen „Softwareprogramm" der Natur innewohnt. Steven Hawking schreibt den physikalischen Gesetzen eine schöpferische Kraft zu. Die Chinesen sprechen vom Qi, andere von der Natur. Die Bilder sind sehr verschieden, aber einig sind sich fast alle großen Geister, dass der Mensch bislang nur einen kleinen Teil der Schöpfung begreifen kann und dass sie nichts anderes als ein großes faszinierendes Wunder ist, das man wertschätzen sollte.

Die Welt des Geistes ist in der grobstofflichen Welt, wie wir sie sehen und begreifen können, enthalten und die Wissenschaft kommt jedes Jahr zu neuen Erkenntnissen, die vielfach Dinge erklären kann, die gestern noch unsichtbar und unbekannt waren. Als Beispiel dafür mögen die immer neuen Bausteine des Lebens, die von der Kernforschung in der Großforschungsanlage CERN Jahr für Jahr entdeckt werden. Ein anderes Beispiel ist auch die Quantenphysik mit ihren erstaunlichen Beobachtungen, dass verschiedene Zustände gleichzeitig bestehen können und dass die bewusste Beobachtung durch eine Person die Ergebnisse von Experimenten beeinflussen kann.

Wenn man darüber nachdenkt, welche Kräfte das Wunder des Lebens steuern, und versucht, in die geistige Welt vorzudringen, beginnt man schnell zu erahnen, dass das geistige Geschehen den gleichen Regeln folgen könnte wie der Aufbau der materiellen Welt.

An diesem Punkt verlassen wir jetzt ein wenig das Bild der deterministischen Wissenschaft, weil sie trotz fantastischer Erfolge und neuer Erkenntnisse jedes Jahr noch nicht hinreichend alle Phänomene erklären kann. Letztendlich arbeitet die Wissenschaft mit Modellen und Annahmen, die mit einer großen Näherung die Natur mit allen ihren Prozessen beschreiben. Sie geht dabei bis zum Urknall zurück aber schon die Frage nach der Ursache des Urknalls stellt für die Wissenschaft auch heute noch eine Herausforderung dar, ebenso wenn es um die detaillierte Funktionsweise von Zeugung und Zellwachstum geht. Die Wissenschaftliche Betrachtung sollte aber trotz einiger Lücken und Defiziten immer die Basis sein, denn letztendlich verdanken wir ihr jede Form von Fortschritt und die Methodik ist, wenn auch nicht perfekt, die beste, die es gibt. Dennoch sollten wir bei allem Vertrauen in die Wissenschaft, nie unseren eigenen Verstand und auch unsere Intuition vernachlässigen. Auch wenn es sich in Zeiten von Fake News und Verschwörungstheorien empfiehlt sehr vorsichtig mit „Meinungen" zu sein, so können bestimmte Dinge eben nur individuell erfahren und bewertet werden. Ich kann die Herkunft eines Symbols wissenschaftlich erklären aber das was es in mir auslöst, dass muss jeder selbst erleben und für sich erkennen. Gleiches gilt für die eigene Gefühlswelt.

Ich möchte den Leser an dieser Stelle einladen, alle Urteile und Vorurteile einmal hinter sich zu lassen und sich auf ein Gedankenexperiment einzulassen. Nehmen wir mal an es gibt neben der physischen Welt noch andere Welten, die ebenfalls um uns herum existieren aber eben nicht so manifestiert sind und daher von unseren normalen Sinnen nicht erfasst werden können. Vielleicht in etwas, wie es ultraviolettes Licht gibt, dass existent aber für unsere Augen nicht erkennbar ist oder Ultraschall, den der Mensch nicht hören kann, die Fledermaus aber schon.

Auch wenn man als aufgeklärter Geist weder an Engel, Geister noch andere Wesenheiten glaubt, so kennt man doch Phänomene im täglichen Leben, die einen ahnen lassen, dass es mehr geben könnte, als wir sehen und anfassen können. Wer hat nicht schon mal erlebt, dass er einen Raum betritt und spürt, dass sich hier gerade Menschen gestritten haben? Wer hat nicht schon mal eine spontane Abneigung zu jemandem gespürt, ohne dass es nachvollziehbare Gründe dafür gibt? Wer kennt es nicht, wie ansteckend eine fröhliche Runde in einem fremden Land sein kann, auch wenn man die Sprache nicht versteht? Was man hier spürt ist die Energie eines Ortes, eines Menschen oder einer Gruppe.

Mittlerweile finden wir auch in Ratgebern oder in Managementtrainings viele Dinge, die mit Energien und nonverbalen Methoden arbeiten. Wer Erfahrung mit Tieren hat, der weiß, dass es z. B. keinen rationalen Grund für ein großes Pferd gibt, auf einen kleinen körperlich unterlegenen Menschen zu hören und doch kann man durch einen klaren Geist und starken Willen ein Pferd beeinflussen. Es muss neben dem geschriebenen Wort und der Mimik also noch weitere Möglichkeiten geben, von einer anderen Lebensform wahrgenommen zu werden.

Einsteins Formel $E=mc^2$ gibt einen naturwissenschaftlichen Ansatz zur Erklärung dieser Phänomene: die Lichtgeschwindigkeit als Konstante sowie Energie und

Masse / Materie auf beiden Seiten des Gleichheitszeichens. Wenn die Energie sich ändert, ändert sich auch die Materie. Hier findet man den Nachweis, dass zwischen Energie und Materie ein Zusammenhang bestehen muss. Wenn wir annehmen, dass der Geist auch eine Energieform ist oder eine Kraft hat, dann könnte man schließen, dass auch der Geist einen Einfluss auf die Materie haben kann. Der Einfluss, den große Denker aus Politik, Kultur und Philosophie auf die reale Welt in der Geschichte ausgeübt haben, spricht für diese Theorie.

Aus Gedanken wurden Worte, aus Worten wurden Taten, und die größten Veränderungen wurden von charismatischen Menschen vorangetrieben. Wenn man mal versucht zu erklären, was Charisma eigentlich ist, dann wird man feststellen, wie schwer dieser Begriff zu fassen ist. Erst Ende der 80er Jahre sind erste Erklärungsansätze entstanden, die zwar plausibel, aber immer noch nicht hinreichend sind, um die komplexen Hintergründe der charismatischen Wirkung zu erklären. Neben der Erscheinung, der Stimme und dem Inhalt scheint es noch etwas zu geben, was Menschen in ihrer Wirkung voneinander unterscheidet. Was ist es, dass die Menschen verstummen lässt, wenn ein charismatischer Mensch den Raum betritt? Warum überzeugt der eine mit der gleichen Idee mehr als der andere? Liegt es nur an Statur, Stimme und Rhetorik oder geht es auch hier um Energien?

Manche Geisteswissenschaftler gehen davon aus, dass es neben der sichtbaren Welt auch noch eine unsichtbare gibt. Eine Welt der Energien, Gedanken und Gefühle, die ebenso real ist wie die physische Welt. Nehmen wir einmal an, dass Gedanken, die man denkt, nicht nur flüchtig in unserem Gehirn auftauchen, sondern tatsächlich in der feinstofflichen Welt Formen annehmen. Das könnte eine Erklärung dafür sein, dass Gedanken oft von vielen Menschen zur gleichen Zeit gedacht werden und sich Ideen und Botschaften über die ganze Erde ausgebreitet haben, auch schon vor den Zeiten von Buchdruck und Internet. Rupert Sheldrake hat diese Phänomene sehr spannend mit seinen „Morphogenetischen Feldern"[ix] beschrieben. Auch wenn seine Theorien eher als pseudowissenschaftlich beurteilt werden, so sind einige seiner Experimente mit Tieren, die ohne Kontakt zueinander neu erlernte Fähigkeiten der Kontrollgruppe entwickeln durchaus plausibel und regen zum nachdenken an.

Nehmen wir an, dass Gedankenformen, einmal gedacht, nicht wieder verschwinden, sondern bleiben, sie also in der Sphäre des Denkenden verharren. Übertragen wir diesen Ansatz auf Gefühle und stellen uns vor, dass Gefühle genauso wie Gedanken eine Form in der unsichtbaren Welt annehmen können und sogar die Eigenschaft haben, sich mit Gefühlen verbinden zu können.

Nehmen wir darüber hinaus an, dass diese Gedanken-formen, die wir nach dem Sprachgebrauch der Theo-sophen „Elementale" nennen, in Verbindung mit Gefühlsformen, auch „Elementare" genannt, ein Eigen-leben entwickeln können. Wenn dem so wäre, dann würden gute Gedanken vielleicht andere gute Gedanken anziehen, genauso wie negative Gedanken andere negative Gedanken anziehen würden.

Auf alle Fälle wären Gedanken etwas Reales, das Kausalitäten erzeugt. Gedanken wären ein Instrument, dass nicht nur im eigenen Gehirn stattfindet, sondern Auswirkungen auf andere Menschen haben könnte.

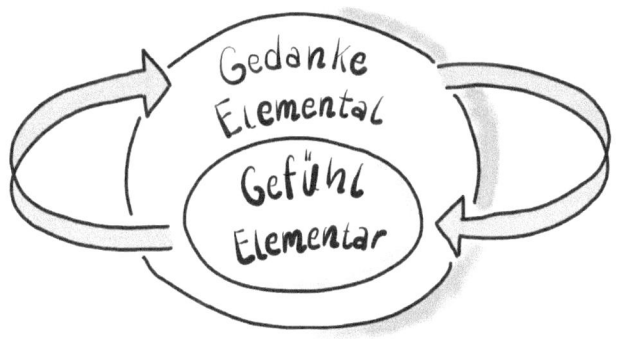

Gedanken und Vorstellungen verbinden sich mit Gefühlen und entwickeln ein Eigenleben.

Wenn wir dieses Modell einmal für uns akzeptieren, dann könnte daraus die Erkenntnis wachsen, dass nicht nur in den Taten das ethische Prinzip vorherrschen sollte, sondern auch in den Gedanken. Man könnte daraus schließen, dass wir mit guten Gedanken in letzter Konsequenz etwas verändern können, in uns und bei anderen. Wenn wir das für uns annehmen können, erkennen wir ein machtvolles Instrument, das uns zur Verfügung steht, mit dem wir die Dinge zum Guten beeinflussen können.

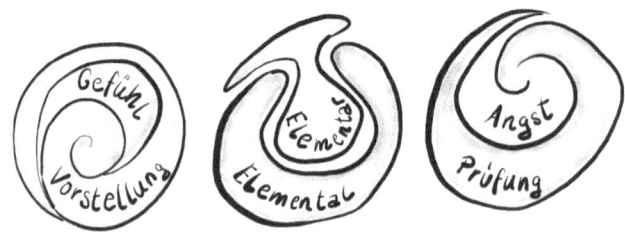

Gedankenformen sind dynamische Gebilde, die in Bewegung sind und sich verändern können.

Was manch einem Bruder an dieser Stelle jetzt vielleicht etwas abgedreht vorkommen mag, ist interessanterweise im Grunde fast etwas Alltägliches. Psychologen arbeiten mit Affirmationen, Manager mit „Positive Thinking". Politische Führer stecken mit ihren Gedanken ganze Völker an und auch man selbst hat vielleicht schon erlebt, wie man sich immer weiter in etwas hinein-steigert, wie aus Gedanken Realitäten werden und wie sich Erwartungen erfüllen und sich Gedanken verselb-ständigen.

Ob man sich nun darauf einlassen kann oder nicht – einigen können wir uns sicher darauf, dass es Sinn macht, bewusst zu denken. Gedanken und Ideen haben eine große Kraft, sie schaffen Wörter und diese Wörter schaffen Taten. Eigentlich ist diese Erkenntnis, die man bei den Theosophen und auch schon bei den alten Yogis finden kann, keine Geheimlehre, sondern ganz normale Erfahrungen, die jeder Mensch im Alltag erfahren kann.

Für den Freimaurer bedeutet diese Erkenntnis, dass er wirklich etwas in seiner Loge und in der profanen Welt bewegen kann. Jeder gute Gedanke, den man denkt, verhält sich wie ein Samen, der erblühen kann. Es ist also sinnvoll, viele gute Gedanken zu haben.

Genauso verhält es sich aber auch mit den negativen Gedanken. Deshalb ist es wichtig, möglichst wenig negative Gedanken zuzulassen. Kommt einem ein solcher Gedanke in den Kopf, dann ist es nicht leicht und auch nicht immer sinnvoll, ihn zu verdrängen. Man kann aber versuchen, ihn nicht größer werden zu lassen, indem man ihn bewusst wahrnimmt und akzeptiert. Ein guter Weg, mit unerwünschten Gedanken umzugehen, ist es, Bilder zu verwenden. Zum Beispiel kann man sich bildhaft vorstellen, den Gedanken einfach in einen Sack zu stecken und wegzuwerfen. Manchmal macht es auch Sinn, einfach einen passenden positiven Gedanken daneben zu setzen und intensiv zu visualisieren. Mit Glück gewinnt dieser positive Gedanke irgendwann die Oberhand.

Wir müssen uns bewusst sein, dass negative wie positive Gedanken ein Eigenleben entwickeln. Sie ernähren sich irgendwann von anderen gleich gerichteten Gedanken und ziehen den Lehrling immer weiter in eine Spirale aus Gedanken und Gefühlen. Unter Umständen wird er von den Gedanken sogar beherrscht.

Wenn diese Gedanken sich dann noch mit Gefühlen verbinden, wird es sehr komplex und manchmal weiß man gar nicht mehr, warum man eigentlich so unsicher ist oder vor etwas Angst hat. Irgendwann sind wir umgeben von Elementaren und Elementalen, die nicht nur unsere Gedankenwelt beeinflussen, sondern irgendwann auch die unserer Umgebung. Unsere Mitmenschen nehmen unsere Gedanken und Gefühle wahr und fangen auch irgendwann an, ähnliche Gedanken zu haben. Damit bewegen sich die Gedanken aus der Mentalwelt in die reale Welt und wir schaffen uns eine neue Realität. Hier liegen Chance und Risiko also eng beieinander. Jeder kennt das, wenn sich in einer Gruppe oder einer Beziehung Gedanken und Gefühle entwickeln und die Atmosphäre dadurch angespannt wird. Je länger dieser Prozess andauert, desto schwerer wird, es diese Situationen wieder aufzulösen.

Achten wir daher auf unsere Gedanken, versuchen wir, positiv zu denken. Und wenn wir uns ärgern über den Autofahrer vor uns, der uns im Straßenverkehr behindert oder den Freund der zu spät kommt, dann nutzen wir die Zeit doch lieber für einen Augenblick der Ruhe, um uns zu besinnen. Betrachten wir es als Geschenk. Versuchen wir negative Gedanken nicht zu nähren und stattdessen positive Gedanken zu denken.

Machen wir uns bewusst, dass jeder Gedanke und jedes Gefühl des Ärgers ein Stück weit eine feinstoffliche Umweltverschmutzung ist, die erst einmal in der Welt so schnell nicht wieder verschwindet. Erkennen wir, dass wir mit unseren Gedanken wirklich etwas bewirken können, für uns, für unsere Partner, Freunde, Kinder, Kollegen und Logenmitglieder. Wenn wir bewusst mit unseren Gedanken umgehen, können wir unsere Welt aktiv gestalten. Das ist ein Instrument, dass die meisten von uns noch gar nicht kennen, und das wegen seiner Wirkmächtigkeit unbedingt erlernt werden sollte.

„Achte auf Deine Gedanken, denn sie werden zu Gefühlen
Achte auf Deine Gefühle, denn sie werden zu Worten.
Achte auf Deine Worte, denn sie werden zu Taten.
Achte auf Deine Taten, denn sie werden zu Gewohnheiten.
Achte auf Deine Gewohnheiten, denn sie werden Dein Charakter.
Achte auf Deinen Charakter, denn er wird Dein Schicksal."

Von Charles Read.

Positiv denken darf natürlich nicht dazu führen, dass man versucht, vorhandene Probleme zu verdrängen. Wenn es Aufgaben im Leben gibt, muss man sich diesen stellen. Hier gilt das Motto: „Love it, change it or leave it." Positives Denken soll daher nicht von Herausforderungen ablenken, sondern dabei helfen, Entscheidungen umzusetzen und einen gewünschten Zustand zu erreichen. Wenn man trotz aller Versuche, die Dinge zum Besseren zu wenden und trotz des Erkennens der eigenen Verantwortlichkeit erkennt, dass man zum Beispiel in seiner Beziehung nicht glücklich ist oder in seinem Job keine Zukunft hat, dann hilft auch kein positives Denken, um diese Situation zu verändern. Dann sollte man handeln. Positive Gedanken sollten nie wie eine rosarote Brille zum Einsatz kommen, sondern mit vernünftiger und kritischer Distanz.

Wenn man dies beherzigt, stellt man schnell fest, dass nicht nur die eigene Zufriedenheit steigt, sondern sich auch ein zunehmendes Gefühl von Souveränität einstellt. Wir werden nicht mehr von unseren Gefühlen beherrscht, sondern wir wissen mit ihnen umzugehen und werden so frei.

So wie sich Gedanken ganz von allein mit Gefühlen verbinden, so können wir auch ganz bewusst Einfluss nehmen, indem wir unsere Gedanken und Gefühle bewusst wahrnehmen und aktiv versuchen, sie zu beeinflussen. Wenn wir darin geübt sind, können wir die Form der Gedanken beeinflussen und auch die Gefühle, die wir damit verbinden. Mit der Zeit entwickeln wir so eine große Macht.

Die folgende Grafik verdeutlicht dieses Prinzip.

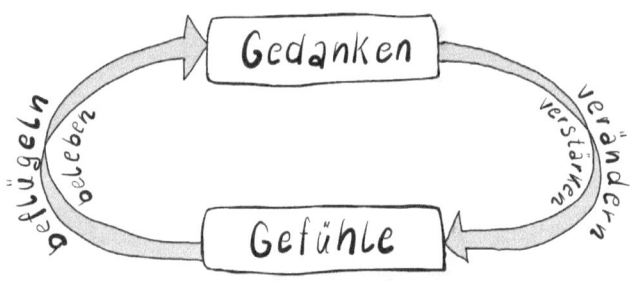

Gedankenformen können durch bewusste Arbeit gestärkt oder abgeschwächt und aktiv mit Gefühlen aufgeladen werden. Das ist die geistige Transformation durch die Arbeit am rauen Stein.

Das männliche und weibliche Prinzip

Weiter oben haben wir schon über die beiden Säulen auf dem Arbeitsteppich gesprochen und ihre Verkörperung des männlichen und weiblichen Prinzips. J…, die männliche Säule, ist de Männern naturgemäß sehr geläufig. Das Leben besteht aber aus Yin und Yang, dem weiblichen und dem männlichen Prinzip. Der wesentliche Aspekt der dualen Welt, in der wir leben.

Aus der Vereinigung der Polaritäten entsteht Leben und das nicht nur beim Menschen, sondern in der ganzen Natur.

Verbinden sich negativ geladene Elektronen (weiblich) mit dem positiv geladenen Kern (männlich), entstehen Atome. Ihre Vereinigung wiederum erzeugt physikalische Phänomene wie Licht, Wärme Elektrizität, Magnetismus.

Es ist wichtig zu verstehen, dass das weibliche Prinzip nicht nur für die Frau als Geschlecht steht, sondern für das weibliche Prinzip an sich. Das Empfangende, das Weiche, das Beschützende, das Verbindende. Und diese Dinge finden wir als Brüder natürlich nicht nur bei unseren Schwestern, sondern auch in uns. Es ist eine wichtige Aufgabe, sich die männlichen und weiblichen Anteile in einem selbst bewusst zu machen, um die eigenen Handlungen besser verstehen zu können.

Carl Gustav Jung nannte das Männliche in der Frau „Animus (Geist)" und das Weibliche im Mann „Anima (Seele)". Die Bedeutung der Anima des Mannes ist nach C. G. Jung direkt in der Art seiner konkreten Beziehungen zu Frauen erkennbar. Eine unbewusste Identifikation mit der Anima kann sich beim Mann z. B. als Launenhaftigkeit oder Überempfindlichkeit zeigen, im positiven Sinne aber auch als Sensibilität und Empathiefähigkeit äußern.

Bei starker unbewusster Identifikation mit dem Animus kann die Frau auf der anderen Seite zum Beispiel rechthaberisch werden. Der „innere Mann" in der Frau kann aber auch Halt geben.

Einiges wird beim Nachdenken schnell klar werden, aber es gibt auch vieles, das sich hinter Schleiern verbirgt. So kann es zum Beispiel sein, dass man seine weiblichen Anteile mit sehr männlichem Verhalten überkompensiert, indem man ein starkes „Macho-Verhalten" an den Tag legt. Sozialisation und Gesellschaft prägen mit ihren Bildern von männlichem und weiblichem Verhalten uns Menschen und machen es uns nicht immer leicht, die eigene Person dabei zu fühlen und zu leben. In den meisten Fällen werden also unser Verhalten und unsere innere Persönlichkeit etwas auseinander liegen.

Ein tendenziell ausgewogenes Verhältnis von männlichen und weiblichen Anteilen liegt meines Erachtens vor, wenn man als Mann etwa 70 % männliche Energien (erschaffen) und 30 % weibliche Energien (empfangen, zulassen) lebt bzw. in sich zulässt. Für Frauen gilt das dann natürlich genau umgekehrt. Das darf man aber nicht zu genau nehmen. Letztendlich sind wir Menschen unendlich vielfältig und eben sehr individuell.

Dass die Umwelt uns als Persönlichkeiten prägt, ist keine Überraschung – und auch nicht unbedingt ein Problem. Wichtig ist es aber, herauszufinden, wie sehr der Mensch, der wir jetzt sind, mit unserem eigenen Willen übereinstimmt und wie sehr wir uns verbiegen müssen, um den

Ansprüchen der Umwelt zu entsprechen. Diesen Graben zu erkennen, ist der Kern der Beschäftigung mit den Prinzipien.

In dieser Stufe der Arbeit am rauen Stein geht es nicht nur um Veränderung, sondern erst einmal um Bewusstwerdung. Wenn wir erkannt haben, wie stark das männliche und das weibliche Prinzip in uns wirken, können wir damit umgehen und unser Verhalten besser verstehen und ggf. korrigieren.

Im Folgenden habe ich jedem Prinzip bestimmte Analogien zugeschrieben, die man auch in der einschlägigen Literatur finden kann. Die Sephiroth sind Teile des kabbalistischen Lebensbaumes. Auf die Arbeit mit der Kabbala werde ich in einem späteren Buch näher eingehen.

Yang – das männliche Prinzip

Aktiv, elektrisch, Tag, Helligkeit

Elemente: Feuer und Luft
Sephiroth: Chokmah, Chesed, Netzach
Planeten: Sonne, Jupiter, Saturn
Astrologie: Widder, Zwillinge, Löwe, Waage,
                 Schütze, Wassermann

Eigenschaften

Impulsgebend, Idee, zielgerichtet, kämpferisch, gebün-
delt, dynamisch, wettbewerbsorientiert, erschaffend
und destruktiv. Schützend, gibt einen Rahmen, Sicherheit und Struktur.

Yin – das weibliche Prinzip

Passiv, magnetisch, Nacht, Dunkelheit

Elemente: Wasser und Erde
Sephiroth: Binah, Geburah, Hod
Planeten: Mond, Venus, Mars
Astrologie: Stier, Krebs, Jungfrau, Skorpion,
                 Steinbock, Fische

Eigenschaften

Introvertiert, empfangend, manifestierend, zerfließend,
strömend, bewahrend, emotional und formbar, kreativ,
Leben gebärend, aufnehmend, heilend, Hingabe.

Taijitu, das Symbol für die Gegensätze und die Harmonie des Lebens. Das weiße Yang und das schwarze Yin sind untrennbar miteinander verbunden.

Die vier Elemente

Das Prinzip der Elemente war in vielen Kulturen schon vor unserer Zeitrechnung bekannt. Die breiteste Wirkung der klassischen Elemente lehre hatte wohl der griechische Naturphilosoph Empedokles schon im 5. Jahrhundert v. Chr. Später beschäftigten sich auch Platon und Aristoteles mit den Elementen und erweiterten den Ansatz unter anderem um die Begriffe Äther und Geist.

Die Vier-Elemente-Lehre besagt, dass alles Sein in bestimmten Mischungsverhältnissen aus den vier Grund-elementen Feuer, Wasser, Erde und Luft besteht. Die Elemente und ihre Beziehung zum Menschen wurden auch schon von den antiken Griechen beschrieben. Wir finden die vier Elemente auch in der chinesischen Kultur, im Tarot, in der Astrologie. Später im Mittelalter auch bei Paracelsus und in der Neuzeit in der Typenlehre von C. G. Jung. Heute kann man sie als Grundlage für Persönlichkeitstests (z.B. bei Insights©) in Management-trainings und bei Personaltrainern, z. B. in Assessment Centern finden.

Bei seiner Aufnahme ist der Lehrling in vielen Fällen schon auf seinen Reisen mit Feuer, Wasser, Erde und Luft konfrontiert worden. Sie stellen nach der frei-maurerischen Lehre die Bausteine der materiellen Welt dar und haben dementsprechend auch auf den Menschen und seinen Charakter einen Einfluss. Zusammen mit dem Geist bilden sie den Menschen.

Der Zugang über die Elemente stellt aus meiner Sicht eine hervorragende Methode zur Selbstanalyse und zur Arbeit am eigenen Wesen dar. Deshalb möchte ich hier kurz meine Sicht auf Bedeutung und Wirkung der vier Elemente darstellen.

Wir finden diese in der uns umgebenden Welt, aber für den Freimaurer sind sie allegorisch zu verstehen. Es geht darum, die Eigenschaften dieser Elemente auf unseren Charakter zu übertragen. Den Elementen kann man auch die vier Grundtemperamente Choleriker (Feuer), Phlegmatiker (Erde), Sanguiniker (Luft) und Melancholiker (Wasser) zuordnen, über die auch Hippokrates, Rudolf Steiner und viele andere schon geschrieben haben.

Für die Entwicklung des Menschen ist es wichtig, dass diese Elemente miteinander im Gleichgewicht sind. Überwiegt das eine oder andere in hohem Maße, sind wir kein guter Baustein im Tempel der Humanität. Dann wird unser Charakter starken Schwankungen unterliegen, die uns unausgeglichen und extrem, z.B. entweder lethargisch, übersensibel, aggressiv, herrschsüchtig, chaotisch oder ignorant erscheinen lassen. Dieser Zustand kann uns in letzter Konsequenz unglücklich oder sogar krank machen.

Nach Überzeugung von Franz Bardon und Emil Stejnar und vielen anderen Autoren ist es wichtig, daran zu arbeiten, dass die Elemente im Menschen in einem gewissen Gleichgewicht sind. Mit Gleichgewicht ist hier primär das Verhältnis der Elemente zueinander gemeint. Es geht darum, innerhalb der Elemente ausgeglichen zu sein und bestimmte Qualitäten nicht zu stark zu betonen.

Aus der ausgeglichenen Feuer-Eigenschaft „Mut" wird bei übersteigerter Gewichtung schnell „Übermut". Aus „energisch" wird „rücksichtslos" oder aus „begeistert" das weitaus weniger sympathische „hysterisch".

Im Wasserelement könnte aus „Vorsicht" „Angst" werden oder aus „Gelassenheit" „Teilnahmslosigkeit" oder aus „geduldig" „apathisch".

Bei der Luft steht die ausgeglichene „Vielseitigkeit" der übersteigerten „Oberflächlichkeit" gegenüber oder „Ungezwungenheit", der „Haltlosigkeit". Im Erdelement wäre „gewissenhaft" als ausgeglichen zu bezeichnen und „pedantisch" als übersteigert oder „überzeugend" die bessere Alternative zu „rechthaberisch".

Es geht hierbei nicht um Gleichmacherei, denn Unterschiedlichkeit gehört zum Menschen und der Welt. Es ist durchaus in Ordnung, wenn bestimmte Elemente eine stärkere Bedeutung in einem Charakter haben als andere, denn das macht ja die Persönlichkeit aus. Worauf man achten muss ist, dass es nicht zu extremen Ausschlägen kommt, also deutlichen Übergewichten, die Charaktereigenschaften zu Problemen für sich selbst oder die Umwelt werden lassen.

Den Elementen werden in den alten Schriften zudem noch Urqualitäten zugeordnet. Diese sind „kalt", „warm", „feucht" und „trocken". Hierauf gehe ich im nächsten Kapitel näher ein.

Im Folgenden werden die Elemente beschrieben und ihre Entsprechungen kurz erläutert. Die Aufzählungen sind natürlich nicht vollständig. Es geht hier nur darum, eine Idee von der jeweiligen Qualität des Elements zu bekommen, um herauszufinden, wie stark das eine oder andere Element in der eigenen Persönlichkeit ausgeprägt ist. Wichtig ist dabei, dass jedes Element zu gleichen Teilen positive wie negative Eigenschaften beinhaltet, wenn man diese denn so werten möchte. Vergessen wir dabei nie, dass Gut oder Schlecht im Grunde auch eine Frage der Sichtweise ist.

Wer sich in die Philosophie der Elemente noch tiefer einarbeiten möchte, der findet in Emil Stejnars „Die vier Elemente" umfangreiche Tabellen mit Eigenschaften und ihren Zuordnungen. Ich beziehe mich bei den Eigenschaften in großen Teilen auf sein Buch „Die vier Elemente", da ich sie für sorgfältig recherchiert, passend und durchdacht halte.

In den folgenden Übersichten habe ich neben den Eigenschaften auch noch die Analogien zu verschiedenen Systemen wie z. B. der Astrologie, dem Tarot oder dem kabbalistischen Lebensbaum aufgeführt. Diese Informationen sind nicht essenziell für die Arbeit des Lehrlings, zeigen aber, dass wir die Bezüge zu den Elementen in vielen Bereichen wiederfinden.

Feuer △

Sternzeichen:	Widder, Löwe, Schütze
Erzengel:	Michael
Tarot:	Stäbe
Platonischer Körper:	Tetraeder (Pyramide)
Sephiroth:	Chokmah, Gebuhra, Netzach
Temperament:	der Choleriker
Archetyp:	der Ritter auf dem Pferd

Wie Feuer brennt in uns das Verlangen nach Macht, Anerkennung, Erfolg oder Genuss. Unsere Leidenschaften werden vom Feuer bestimmt. Sie erzeugen Kraft und Energie und sind damit schöpferisch, aber nur dann, wenn wir sie unter Kontrolle haben. Die Aufgabe ist es, unsere Leidenschaften kennen und beherrschen zu lernen. Jedes Bedürfnis, dem wir nicht spontan nachgeben, stärkt uns und hilft uns dabei, die Kraft des Feuers zu lenken.

Eigenschaften

Positiv: Aktivität, Energie, loslegen, Motivation. Kann zu Höchstleistungen anspornen, ist mitreißend, überzeugend, begeisternd, mutig und motivierend.

Negativ: Einseitige Definition über Leistung, Emotionen werden ausgeblendet, starker Ich-Bezug, Selbstdarstellung, schnell erregbar, Wut und Aggression, Eingehen von Risiken, Mangel an Empathie. Gefahr des Überschätzens und Ausbrennens. Das Ich steht im Vordergrund.

Motivation: Gestalten, Abenteuer, Risiko

Erde ▽

Astrologie:	Stier, Jungfrau, Steinbock
Erzengel:	Uriel
Tarot:	Pentakel
Platonischer Körper:	Hexaeder (Kubus)
Sephiroth:	Malkuth
Temperament:	der Melancholiker
Archetyp:	Materie – die Mutter

Das Element Erde ist Sinnbild für Fruchtbarkeit. Es steht auch für Halt, Stabilität und Sicherheit. Die Erde gibt uns festen Boden unter den Füßen. Es geht um Urvertrauen. Wenn wir erkennen, welche Freiheit und Möglichkeiten zur Entwicklung uns Regeln geben können, dann haben wir einen wichtigen Aspekt des Erdelements verstanden

Eigenschaften

Positiv: bewahrend, beschützend, Sicherheit, Wurzel, Basis für Leben und Wachstum, Besitz und Geld, die Natur, die alles wachsen lässt. Fleiß, Ehrlichkeit oder Verbindlichkeit. Sicherheit, Stabilität und Zeit für Wachstum, Ausdauer, Geduld, Durchhaltevermögen, Realitätssinn.

Negativ: Statisch, unbeweglich, blockierend, konservierend, unflexibel, stur, ewig gestrig, Erstarrung, Raffgier und Versteifung.

Motivation: Besitz, Werte

Luft △

Sternzeichen:	Zwilling, Waage, Wassermann
Erzengel:	Raphael
Tarot:	Schwerter
Platonischer Körper:	Oktaeder
Sephiroth:	Kether, Tiphareth, Yesod
Temperament:	der Sanguiniker
Archetyp:	der Denker – der Ideologe

Die Gedanken sind frei – aber sie sind auch flüchtig. Wenn wir das Luftelement verstehen wollen, dann müssen wir lernen, Herr über unsere Gedanken zu werden. Nur wenn die Gedanken nicht ungesteuert durch den Kopf wandern, sondern wir lernen, sie festzuhalten, voneinander zu trennen und zu behalten, dann können wir damit richtig arbeiten und Nutzen daraus ziehen.

Eigenschaften

Positiv: Analyse, Ideen, Wissen, Kontakt, Austausch, Intellekt, Freiheit im Denken, flexibel, kommunikativ, geistreich und schlagfertig, ungebunden. Möchte verstehen, lernen, sich austauschen. Es braucht Freiheit und Kontakte, um sich zu entfalten, will reden, denken, verhandeln.

Leicht und beweglich. Steht für Veränderung, Bewegung, Austausch, Abstraktion, Vielseitigkeit.

Negativ: wankelmütig, flüchtig, unzuverlässig, über-intellektuell, unpersönlich, unverbindlich. Mangel an Bodenhaftung, Neigung zu theoretisieren, Oberflächlich-keit, intellektuelle Kälte.

Motivation: Wissen sammeln, Begegnung mit anderen Menschen

Wasser ▽

Sternzeichen:	Krebs, Skorpion, Fische
Erzengel:	Gabriel
Tarot:	Kelche
Platonischer Körper:	Ikosaeder
Sephiroth:	Binah, Chesed, Hod
Temperament:	der Phlegmatiker
Archetyp:	Gefühle – die Geliebte

Das Wasser fließt in uns, wie die Gefühle, wenn wir jemanden lieben und berühren, den Sonnenuntergang über dem Meer betrachten, schöner Musik lauschen oder ein Baby betrachten. Diese Gefühle gilt es festzuhalten und zu verinnerlichen. Erkennen wir den reinen Geist, der sich tief verborgen bei einem Kollegen zeigt, oder die Schönheit, die in jedem Menschen steckt. Der Geruch der Morgenluft oder was auch immer uns Anlass für ein gutes Gefühl gibt. Rufen wir uns das Symbol der Bleiwaage ins Bewusstsein, die den Ausgleich zeigt, ganz wie das Wasser immer den Ausgleich sucht. Nutzen wir dies für das Zusammenleben mit unseren Mitmenschen, indem wir versuchen, ihre Motivation und ihre Gefühle und Ängste zu erkennen. Verständnis und Gelassenheit werden die Folge sein.

Eigenschaften

Positiv: fühlen, spüren, nähren, befruchten, durchdringen, sensibel, feinfühlig, freundlich und hilfsbereit. Wasser hat den natürlichen Wunsch zu geben, sich zu verteilen und auszugießen. Wasser durchdringt alles und macht es weicher oder durchlässiger. Es steht für Gefühle, Mitgefühl, Liebe, Zuneigung. Es wirkt besänftigend, will nähren, möchte fühlen, braucht

Emotionen und Verständnis, Weichheit, Mitschwingen, sich einstimmen.

Negativ: Überschwemmen, ertränken, unbeherrscht, überrumpelnd, erdrückend, formlos, vereinnahmend, versickernd, kindlich, abhängig und vereinnahmend. Es steht für Mangel an Tatkraft, Launenhaftigkeit, Strukturlosigkeit, Apathie, emotionale Erpressung.

Motivation: Fühlen und Nähe

Die vier Urqualitäten

Die vier Elemente bestehen wiederum nach den Überlegungen von Aristoteles aus weiteren Bestandteilen. Dieses sind die Urqualitäten warm, kalt, trocken, feucht.

- Aus **warm** und **trocken** entsteht **Feuer**
- Aus **warm** und **feucht** entsteht **Luft**
- Aus **kalt** und **feucht** entsteht **Wasser**
- Aus **kalt** und **trocken** entsteht **Erde**

Diese vier Urqualitäten manifestieren die Urtriebe des Lebens und die Grundlagen des Seins. Um sie zu verstehen und auf sein eigenes Wesen anzuwenden, muss man sich die jeweiligen Urtriebe vorstellen:

Warm
steht für Bewegung, Energie und Schnelligkeit im Denken und Bewegung.

Kalt
steht für Ruhe, wenig Energie und mentale Langsamkeit, besonnenes Handeln

Trocken
steht für Spannung, Rückhalt, Schwerfälligkeit, Erstarrung, Stärke

Feucht
steht für Gelöstheit, wache Sinne, Flexibilität, Ausdauer, Widerstandsfähigkeit und Ausdauer

Wenn man sich die Urqualitäten vor Augen hält, dann bekommt man ein Instrument in die Hand, um mit den Elementen zu arbeiten und sie ins Gleichgewicht zu bringen. Die Aufgabe des Lehrlings ist es, über Stärkung oder Schwächung der Urqualitäten die Elemente in ihrer Ausprägung und Gewichtung zu verändern. Erreichen kann man dies durch Reflektion und die Bewusstmachung der eigenen Eigenschaften, sowie die bewusste Handlung.

Sobald eine Urqualität deutlich überwiegt, führt dies dazu, dass die negativen Eigenschaften des Elements verstärkt werden.

Der Choleriker hat nicht zwingend zu viel Feuer, sondern sein Feuerelement besitzt vielleicht zu wenig **trocken** oder zu viel **warm**. Durch bewusste Veränderung und Stärkung der Elementare mit viel **trocken** oder **kalt**, wie z. B. durch Rücksichtnahme, Geduld, Bescheidenheit kann der cholerische Mensch sein Feuerelement in Ausgleich bringen.

Wenn ich also mein Feuerelement etwas stärken möchte, dann kann ich das direkt über die dem Feuer entsprechenden Eigenschaften oder Handlungen tun. Ich kann aber auch versuchen, mit etwas mehr Ruhe das **Warm** zu verringern, um das Wasser oder Erdelement zu stärken oder mit etwas weniger Verhaftung mit den Dingen das **Trocken** zu schwächen und das Feucht zu stärken.

Es gibt also unterschiedliche Möglichkeiten, meine Elemente in ein ausgewogenes Verhältnis zu bringen. Damit kann ich die Erscheinungsformen der Elemente in meinem Ich verändern und so Einfluss auf meinen Charakter und mein Wirken auf meine Umwelt nehmen.

Die Urqualitäten verbinden immer zwei Elemente.
Das Ziel der Arbeit am rauen Stein ist das Bewusstsein über
die Ausprägung der eigenen Individualität und die Vermeidung
von Extremen.

Ein wirklich freier Mann werden, durch Selbsterkenntnis

Die Auseinandersetzung mit den Elementen ist nicht von akademischer Natur, sondern hilft auf dem Weg zur Selbsterkenntnis und die ist der Kern der Arbeit am rauen Stein. Nur wer sich und seine Triebfedern kennt, wer seine Komplexe verstanden hat und sich seinen Ängsten gestellt hat, kann seinen wahren Willen und seine wahre Bestimmung erkennen. Und nur wer in der Lage ist, seine Gedanken zu formen und zu kontrollieren, der kann wirklich etwas vollbringen. Nur wer seine Gefühle beherrscht und sie empfindet und lebt, aber auch in der Lage ist, sie zu steuern, der kann sich wirklich frei nennen. Ein freier Mann muss sich selber erkennen und dadurch bewusst und selbstbestimmt leben, sonst ist er nicht wirklich sein eigener Herr.

Neben den beschriebenen Methoden und Quellen der Inspiration zur Arbeit mit den Elementen und Prinzipien ist es auch wichtig, sich als Lehrling in der Phase des „Schaue in dich" ganz einfache Fragen zu stellen, um seinem Wesen auf den Grund zu gehen.

Für den Bruder oder die Schwester, der oder die sich schon viel mit sich auseinandergesetzt hat, wird es leicht sein, die Fragen zu beantworten. Für den ungeübten Freimaurer ist es sicher eine größere Herausforderung. Für beide wird es aber in dem neuen Kontext als Freimaurerlehrling eine wertvolle Erfahrung sein und neue Erkenntnisse bringen. Die Aufnahme und der Besuch der Loge verändern den Blick auf die Dinge, sodass manches, was früher klar zu sein schien, heute in neuem Licht erscheinen kann.

Der freimaurerische Weg ist ein langsamer Weg. Daher sollte man nicht alle Fragen in einem Aufsatz beantworten, sondern sich jede Woche nur eine Frage vornehmen. Auf diese Weise reifen die Erkenntnisse und haben Auswirkungen auf die Beantwortung der Frage in der nächsten Woche.

Es empfiehlt sich, diese Arbeit nach drei Monaten zu wiederholen, um festzustellen, ob die Bilder, die man von sich selber hat, immer noch die gleichen sind. Sehr sinnvoll kann es sein, die Ergebnisse mit einem guten Freund, Bruder oder der Partnerin zu spiegeln. In vielen Fällen ergeben sich hier neue Erkenntnisse, da nicht immer das Selbst- mit dem Fremdbild übereinstimmt.

 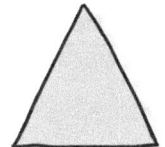 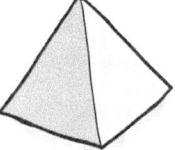

Drei Sichtweisen – eine Form

Eine gute Basis für das Verstehen der eigenen Anlagen und Prägungen kann ein astrologisches Horoskop sein. Ob man an so was glaubt oder nicht, ist dabei nicht relevant. Die Beziehungen der Planeten zueinander und deren Position in den Häusern können für manch einen zumindest ein Spiegel für die eigenen Überlegungen sein.

Es gibt gute Softwareprogramme und sogar „Free Services" im Netz, mit denen man ein einfaches Horoskop erstellen kann. Dazu benötigt man nur noch ein gutes Buch mit astrologischen Deutungen und schon hat man erste Ansätze zum Reflektieren. Wer sich da nicht tiefer einarbeiten möchte, dem können auch schon die automatisch von der Software generierten Texte ein erster oberflächlicher Zugang sein.

Neben dem Horoskop gibt es viele andere Quellen für Erkenntnisse. Sei es eine Therapie oder einfach nur das, was Ex-Freundinnen und Kollegen über einen sagen.

Wir wollen an dieser Stelle natürlich keine Psychoanalyse durchführen und auch sonst keine Therapieform überflüssig machen. Es geht an diesem Punkt einzig und allein um Reflektion und Bewusstwerdung. Auf diesem Weg kann man durch Zeit, nachdenken und Fragen, die man sich stellt schon viel erreichen.

Den eigenen Schatten erkennen und annehmen – auf der Suche nach dem inneren Kind

Wichtig ist es für den Lehrling, den eigenen Schatten zu bearbeiten. Die Dinge, die man an sich selbst nicht mag, oder auch die Eigenschaften, die einen am Partner oder dem Gegenüber am meisten stören, sind oft Eigenschaften, die man selbst besitzt, aber erfolgreich verdrängt hat.

Manch ein autoritär auftretender Chef ist im Grunde sehr sensibel und unsicher, kann aber diese Wesensmerkmale an sich selbst nicht akzeptieren. Die Folge kann sein, dass er diese Eigenschaften durch Härte oder Selbstherrlichkeit überkompensiert und gleichzeitig „allergisch" auf sensible oder unsichere Mitarbeiter reagiert.

Viele von uns kennen es, wenn man über beide Ohren im Stress ist und sich über den Kollegen, der in aller Seelenruhe vor sich hinarbeitet, aufregt. Oft ist aber der Grund für die eigene Wut nur, dass man erkennt, das viel von dem eigenen Stress selbst verursacht ist und der Kollege wahrscheinlich viel zufriedener ist als man selbst.

Wenn man in der Kindheit die eine oder andere schlechte Erfahrung durch Ablehnung gemacht hat, führt es oft dazu, dass man die Dinge, für die man abgelehnt wurde, versucht, später zu vermeiden. Und oft sind es genau die Menschen, die man als Erwachsener kritisiert oder ablehnt, die so sind wie man selbst war, als man diese Ablehnung erfahren hat.

Das gilt auch für die Kritik, die einen am härtesten trifft. Oft denkt man im ersten Moment: „Wie kann der so etwas behaupten, das stimmt doch gar nicht." Und bei einer späteren Reflexion merkt man, dass die Kritik vielleicht doch gerechtfertigt war.

Diese überschießenden Reaktionen sind oft darauf zurückzuführen, dass sich unser inneres Kind meldet, das tief versteckt in uns schlummert und Verletzungen spürt. Auf der Beziehungsebene ist das eine große Herausforderung und nur zu lösen, wenn ich zurückgehe zu den Ursachen dieses Schmerzes und am besten Frieden schließe mit meinem alten Ich.

Methoden dazu gibt es viele. Ob Psychoanalyse oder Hypnotherapie oder einfach ganz viel Selbstreflektion. Der wichtigste Schritt ist, das Unbewusste ins Bewusste

zu holen. Es geht also darum, die eigenen frühkind-
lichen Prägungen und die damit zusammenhängenden
Verhaltensmuster zu erkennen.

Die meisten von uns erfahren durch Sozialisation und
gesellschaftlichen Druck eine Beeinflussung, die uns
immer mehr von unserer ursprünglichen Persönlichkeit entfernt. Wir wollen beliebt sein, Lob bekommen
und von unseren „peer groups" Anerkennung erfahren.
Bei diesem Prozess kann es passieren, dass wir unseren
Ursprung, unsere inneres Kind" immer weiter in
den Hintergrund drängen. Erwachsenwerden heißt
Erfahrungen zu machen und zu reifen. Es heißt aber
nicht, dass das innere Kind irgendwann völlig verschwindet. In den meisten Fällen haben wir es nur weit
in den Schatten verdrängt.

Gerade als junger Erwachsener fühlen wir uns
manchmal noch wie ein Kind. Dieses Gefühl kennen
wohl die meisten von uns. Wenn wir aber irgendwann
den Kontakt zu ihm ganz verloren haben dann erleben
wir in verschiedenen Lebenssituationen, insbesondere in
Konflikten, auf der Arbeit oder in der Beziehung starke
Reaktionen, die wir uns nur schwer erklären können.

Als Kind sind Anerkennung und Liebe existenziell, nahe-
zu lebenserhaltend. Aber auch als Erwachsener leben
wir oft immer noch die gleichen Muster. Wir entwickeln
Strategien, und wenn diese mal nicht funktionieren,
macht uns das Angst.

Es ist daher immer sinnvoll, wenn man sich beispielsweise so richtig über jemanden ärgert oder einen
Menschen überhaupt nicht mag, einmal zu forschen,
wie viel der Eigenschaften, die man ablehnt, in einem

selbst irgendwo vorhanden sind und verdrängt wurden. Oft wird man zu der Erkenntnis kommen, dass wir uns im Wesen nicht wirklich verändert haben, sondern nur unsere Erscheinungsform an unsere Umwelt und die Erwartungen angepasst haben. In solchen Fällen kann es sehr guttun, das Kind, was man in sich zurückgedrängt hat, einmal wieder hervorzuholen, es in Gedanken in den Arm zu nehmen und sich mit ihm zu versöhnen.

Auf dem Weg der Selbsterkenntnis sollte sich jeder Mensch daher auch mit seinem „inneren Kind" konfrontieren, das eben oft mit anderen Dingen gemeinsam im Schatten verborgen liegt.

Der Aufwand lohnt sich, denn wenn man den Kontakt zum inneren Kind wiederfindet, lösen sich oft viele dadurch verursachte psychische und auch psychosomatische Probleme wieder auf.

Als Grundregel kann man zusammenfassend sagen, dass je stärker das Gefühl der Ablehnung einer Kritik ist, desto mehr diese Kritik den wahren Kern trifft. Umso stärker rüttelt diese Kritik an den eigenen idealisierten Wertvorstellungen.

Der souveräne Freimaurer kennt seine Schwächen und verdrängten Punkte und kann so souverän reagieren. Kritik nimmt er dankbar auf, um weiter an sich zu arbeiten.

Es ist wichtig, sich mit seinen gefühlt „schlechten" Eigenschaften ehrlich auseinanderzusetzen und noch wichtiger, diese anzunehmen. Ob es nun das „innere Kind" ist, was man nicht mehr wertschätzen kann, oder die eigene Faulheit, die Eitelkeit oder das Geltungs-

bedürfnis, der Egoismus, die Naivität oder die Unver-
söhnlichkeit.

Es macht Sinn, die Eigenschaften, die man nicht an sich
mag einmal aufzuschreiben und ggf. diesen Satz zu
ergänzen:

> *„Ich akzeptiere, dass die hier aufgeschriebenen
> Eigenschaften ein Teil von mir sind. An einigen werde
> ich arbeiten, im Sinne meines rauen Steines, andere
> werde ich annehmen und als Teil meiner Persönlichkeit
> betrachten. Ich bin die Gesamtheit meiner Eigenschaften
> und ich bin gut so.“*

Die Arbeit am eigenen Schatten und die Suche nach dem
„inneren Kind" kann keine Psychoanalyse oder andere
Techniken ersetzen. Auch werden wir ohne Hilfe in den
meisten Fällen nicht tiefsitzende Traumata bearbeiten
können. Bei vielen Brüdern und Schwestern, die mit
offenem Herz an sich arbeiten wollen, kann aber das
Bewusstwerden, dieser Prozesse, schon viel bewirken.
Und wenn einem Menschen nur einmal im Leben
auffällt, dass er ggf. gerade seinen eigenen Schatten
bekämpft und sein Verhalten gegenüber seinen Mitmenschen ändert, dann ist ein weiterer Stein zum Tempel
der Humanität hinzugefügt worden.

Fragen für die Selbstanalyse und zum eigenen Schatten
finden sich bei Übung 1, dem Seelenspiegel:

Das Lehrlingstagebuch

Eine große Hilfe bei der Arbeit an sich selbst sind, wie eben schon erwähnt, Aufzeichnungen. Es macht daher sehr viel Sinn, ein Tagebuch zu führen – ein sogenanntes Lehrlingstagebuch. Hier kann man seine Gedanken, Antworten auf die Fragen, Erfolge und Misserfolge niederschreiben, um sie zu gegebener Zeit zu reflektieren. Für die Arbeit in den vorangegangenen Kapiteln sind schriftliche Aufzeichnungen essenziell.

Es ist vollkommen egal, ob das Tagebuch auf losen Blättern, einem kleinen Buch, dem Computer oder dem Smartphone geführt wird. Man sollte die Variante nehmen, die man am ehesten zur Hand hat, auch auf Reisen. In vielen Fällen wird es das Smartphone sein, auch wenn ein Buch mit handschriftlichen Eintragungen meist auch noch Jahre später existiert und damit Vorteile zeigt.

Auch wird beim Schreiben mit der Hand eher die rechte Gehirnhälfte angesprochen, wodurch der Zugang zum Unterbewussten und der emotionale und kreative Aspekt mehr in den Vordergrund rückt. Das Wichtigste ist aber, dass man überhaupt Aufzeichnungen über seine Erfahrungen und Gedanken macht.

In dem Tagebuch kann man neben seinen Übungs-erfolgen und Schwierigkeiten auch über wichtige Erleb-nisse schreiben und darüber, wie man sich anderen gegenüber verhalten hat und wie man es beim nächsten Mal vielleicht besser machen könnte.

Neben den schriftlichen Aufzeichnungen empfiehlt

es sich, ab und zu ein Symbol zu zeichnen und seine aktuellen Gedanken dazu zu notieren. Die Symbolik ist nun mal neben dem Ritual und der Freundschaft der Kern der Freimaurerei, und bei der Vielzahl von Symbolen ist es gar nicht so einfach, sich diese Bilder und möglichen Bedeutungen alle zu erschließen. Dabei geht es ja nicht nur um die Deutung an sich, sondern vor allem darum, die Symbole in Bezug zum eigenen Leben zu setzen. Hier können die Symbole ein echter Spiegel für erkenntnisreiche Assoziationen sein.

Man wird sehr schnell feststellen, wie unterschiedlich die Gedanken über ein Symbol sein können, wenn man beispielsweise zu unterschiedlichen Zeiten über Winkelmaß und Zirkel nachdenkt.

Der Weg des Freimaurers ist nicht beliebig. Der Lehrling hat sich nach langer Prüfung auf unseren Bund eingelassen und sich dazu verpflichtet, an sich zu arbeiten. Er tut gut daran, diese Arbeit gewissenhaft und mit Engagement zu tun, wenn er Gewinn aus der Freimaurerei ziehen will und wenn er beitragen möchte zum großen Werk der Weltbruderkette, zum Tempel der Humanität.

Die Übungen

Normalerweise dauert die Lehrlingszeit ein bis zwei Jahre. Das ist viel Zeit für das „Schaue in dich". Es ist aber auf der anderen Seite auch wenig Zeit, wenn man wirklich zu Erkenntnissen kommen möchte.

Die Übungen in diesem Buch sind sicher kein Standard in den freimaurerischen Lehrarten. Der Weg zum Meister funktioniert auch wunderbar ohne sie. Sie sind als Ergänzung und Hilfestellung gedacht. Sie sind Anregung für eigene Gedanken, Motivation und Hilfsmittel, um den eigenen „inneren Schweinehund" zu überwinden. Man braucht auch keinen Personal-Trainer oder ein Abo im Fitnessstudio, um körperlich fit zu bleiben, aber manchmal funktioniert es damit einfach besser.

Lehrlinge sind keine unerfahrenen Menschen, sondern meistens erfahrene Männer, die im Leben stehen. Und weil Beruf und Familie Vorrang haben sollen, kann man auch in vielen Fällen nicht allzu viel Zeit mit den Übungen verbringen. Wichtig ist, dass man jede Übung im Laufe der Lehrlingszeit mindestens einmal umsetzt.

Nacheinander kann man sich den Übungen nähern und herausfinden, wie man sie am besten in den Alltag integrieren kann. Nachdem man alle Übungen durchgearbeitet hat und noch Zeit und Energie vorhanden sind, sollte man ggf. die eine oder andere Übung wiederholen. Denn so wie in anderen Disziplinen auch, werden die besten Ergebnisse erzielt, wenn regelmäßig geübt wird.

Nehmen wir uns vor, einmal die Woche intensiv eine Stunde mit den Übungen zu verbringen. Dazu kommen die Übungen im Alltag und die in der Loge. In den meisten Fällen findet man Spaß daran und man erhöht die Übungszeit. Wenn es der Alltag nicht zulässt, kann es auch mal weniger sein.

Es kommt nicht darauf an, hier mit der größten Intensität dabei zu sein, sondern während seiner Lehrlingszeit einfach regelmäßig aktiv an sich zu arbeiten. In Kombination mit anregender Literatur und dem Erleben des Rituals wird man sehr schnell merken, wie man auf dem Weg zu einem moralisch-ethisch entwickelten und freien Geist voranschreitet und eine immer stärkere Ahnung von seinem „wahren Willen" bekommt. Das ist die beste Vorbereitung auf den zweiten Grad der Freimaurerei, den des Gesellen.

Übung 1: Der Seelenspiegel

Voraussetzung für diese Übung ist die Beantwortung der Fragen aus dem Kapitel Selbstanalyse. Wenn die Fragen dort beantwortet wurden, kann man anfangen, seine Eigenschaften anzuschauen und bzgl. des männlichen und weiblichen Prinzips sowie der Elemente und Urqualitäten zu kategorisieren.

Dabei geht es darum, die Überlegungen zu den Geschlechtern, Elementen und den Urqualitäten auf die eigene Person anzuwenden und die Charaktereigenschaften, die man an sich feststellen kann, zuzuordnen. Sehr schnell wird man erkennen, welche Wesensmerkmale in der eigenen Persönlichkeit dominieren und ob sie ausgewogen, in sich ausgeglichen oder übersteigert sind. Wenn man sie dann noch den Urqualitäten zuordnet, dann erkennt man auch hier, wo wir bei der Arbeit an uns selbst und der Veredlung der Persönlichkeit ansetzen können.

Auf den ersten Blick mag das alles etwas komplex und verwirrend wirken, aber mit der Zeit fällt es immer leichter, die eigenen Eigenschaften mit den Elementen in Beziehung zu bringen.

Die Tabellen sind als Hilfestellung gedacht, um einen Einstieg in die Arbeit zu finden. Es ist keinesfalls zwingend, diese auch zu verwenden. Jeder Bruder sollte für sich herausfinden, wie er sich dem Thema am besten nähert und auch wie viel Energie er investieren möchte.

Freimaurer sind mit Ausnahme der Zeit im Tempel oder der Tafel Individualisten. Diese Freiheit sollten wir auch nutzen, um genau in der Form, Intensität und Geschwindigkeit zu arbeiten, wie es sich für uns gut anfühlt.

a) Selbstanalyse

Fragen

1   Warum bin ich der, der ich bin?

2   Was hat mich geprägt, was treibt mich an?

3   Was macht mich glücklich?

4   Was macht mich traurig?

5   Wovor habe ich Angst?

6   Was möchte ich im Leben erreichen?

7   Was ist mir am wichtigsten?

8   Worauf könnte ich am wenigsten verzichten?

9   Was möchte ich gerne aus meinem Leben entfernen?

10   Was wünsche ich mir?

b) der eigene Schatten

1   Welche Menschen regen mich am meisten auf?

2   Welche Verhaltensweisen stören mich an meinem Partner?

3   Welche Situationen führen auf der Arbeit immer wieder zu Konflikten?

4   Auf welche Kritik reagiere ich besonders empfindlich?

5   Welche Kommentare verletzen mich am meisten?

6   Welche Eigenschaften werden mir von meinem Partner, Freunden oder Kollegen immer wieder vorgehalten?

7   Welche Eigenschaften an meinen Mitmenschen stören mich am meisten?

8   Wofür wurde ich als Kind oft kritisiert

b) Männlich / weiblich

	Männliche Anteile überwiegen	Weibliche Anteile überwiegen	Keine weiblichen Anteile erkennbar
Beruf			
Beziehung			
Erziehung			
Auftreten			
Fühlen			
Freizeit			
Streit			
Unter-haltung			
Sport			
Aus-einander-setzungen			

c) Elemente

	ausgeglichen	übersteigert	Veränderung notwendig?
Feuer			
warm			
kalt			
trocken			
feucht			
Erde			
warm			
kalt			
trocken			
feucht			
Luft			
warm			
kalt			
trocken			
feucht			
Wasser			
warm			
kalt			
trocken			
feucht			

Übung 2: Ändere deinen Sinn – das Lösen von Mustern und Gewohnheiten

Als Freimaurer lieben wir Rituale und fast jeder von uns wird auch im profanen Leben sehr viele Handlungen ritualisiert durchführen. Wir stehen zur selben Zeit auf, essen das Gleiche, sagen die gleichen Sätze zur gleichen Gelegenheit oder gehen jeden Tag um die gleiche Häuserecke. Auch stellen wir in unserem Verhalten immer wieder die gleichen Muster fest. Wir reagieren immer wieder in gleicher Form auf bestimmte Wörter oder Begebenheiten, auf Sätze oder Situationen.

Bei der geistigen Entwicklung ist es sehr hilfreich, wenn wir uns dieser Gewohnheiten und Muster bewusst werden. Wenn wir diese erkannt haben, können wir bewusst entscheiden, dieser oder jener Gewohnheit zu folgen, oder wir können es auch einfach mal ganz anders machen.

Hier haben wir also zwei Möglichkeiten: Wenn wir bewusst entscheiden, gemäß dem Muster zu handeln, dann werden wir uns nicht nur unserer Handlungen bewusst, sondern agieren nach unserem Willen und nicht automatisiert. Wenn wir eine Gewohnheit ändern, erleben wir neue Herausforderungen, bekommen einen neuen Blickwinkel, bleiben wach und schulen dabei unser Gehirn. So profan das sein mag, aber wechseln wir einfach mal die Hand beim Bedienen der Computermaus oder beim Zähneputzen.

Versuchen wir aber nicht nur in alltäglichen Handlungen Änderungen herbeizuführen, sondern im zweiten Schritt an gedanklichen Impulsen und Mustern zu arbeiten.

Es ist ebenso effektiv, einem ersten und gewohnten gedanklichen Impuls in bekannten Situationen zu widerstehen. Und einfach mal nicht ärgerlich zu reagieren, wenn z. B. die Zeitung morgens nicht im Briefkasten ist oder der Bus gerade weggefahren ist.

Man wird feststellen, dass das gar nicht so einfach ist, aber wenn man es dann schafft, sich eine große Befriedigung einstellt. Jede Überwindung stärkt unseren Geist und damit unsere Persönlichkeit.

Um mit dieser Übung zu beginnen, beobachtet man sich einen Tag lang und schreibt alle Dinge in sein Lehrlingstagebuch, die man mehr oder weniger jeden Tag wieder macht, sowie emotionale Reaktionen, die immer wieder auftauchen. Am nächsten Tag kann man sich dann einzelne Tätigkeiten und Reaktionen vornehmen und einfach mal versuchen, sie zu verändern.

Übung 3: Kontrolle der Gedanken

Um Meister über seine Gedanken zu werden, ist es notwendig, dass wir lernen, bewusst zu denken. Wer kennt es nicht, dass die Gedanken frei durch das Gehirn wandern. Eine Assoziation jagt die nächste und man hat nach ein paar Minuten über tausend Dinge nachgedacht, aber kaum einen Gedanken wirklich zu Ende gebracht. Einen Gedanken festzuhalten, ist eine wirklich schwere Aufgabe, die viel Übung braucht. Für unsere geistige Entwicklung ist dies aber essenziell, denn nur wenn wir Kontrolle über unsere Gedanken haben, können wir dieses Instrument für unsere Entwicklung nutzen. Konzentration ist eine wichtige Voraussetzung für viele geistige Übungen.

Viele Menschen verwenden die Fähigkeit des Denkens nicht bewusst als Instrument, sondern lassen sich von ihren Gedanken dominieren. Die meiste Zeit lebt der moderne Mensch in einer fiktiven Zukunft aus Sorgen und Ängsten. Da die meisten davon niemals eintreffen werden, ist es eine echte Lebensverschwendung, so viel Zeit außerhalb der Realität zu verbringen. Hier kann die Kontrolle der Gedanken sehr hilfreich sein.

Denn nur wenn ich es schaffe, mich nicht ablenken zu lassen, um meinen Willen auf ein Objekt zu konzentrieren, dann kann ich hier wirkliche Kraft entwickeln. Dabei ist es vollkommen egal, ob ich das tue, weil ich mein Gehirn für eine höhere spirituelle Entwicklung trainieren möchte oder einfach nur stärker in meinen Gedanken und Taten werden möchte. Nach ein paar Wochen wird man feststellen, dass man im profanen Leben, z. B. im Beruf, konzentrierter ist und fokussierter denkt und handelt.

Man wird auch feststellen, dass die Gedankenformen, die durch diese Konzentrationsübungen entstehen, eine große Kraft haben, man Kollegen besser überzeugen kann und Ziele leichter erreicht werden.

Versuche es doch einmal mit dieser kurzen Übung: Zum Beginn sollte man sich bequem hinsetzen. Auf einen Stuhl, Sessel, Sofa, Fußboden oder Kissen. Die Augen werden geschlossen und man beginnt damit, den Kontakt des Körpers zum Untergrund und zur Kleidung zu fühlen.

Wähle einen ruhigen Ort, an dem du nicht gestört wirst. Schalte dein Handy aus. Um die Umgebungsgeräusche abzuschirmen, kannst du dir auch einen Kopfhörer aufsetzen oder leise meditative Musik hören. Achte darauf, dass die Musik eher gleichförmig ist. Auch Geräusche fließenden Wassers oder Tierstimmen im Wald eignen sich gut. Eine Empfehlung ist die CD „Tibetische Klangschalen" von Klaus Wiese.

Oft haben wir Umgebungsgeräusche, die uns stören und die wir nicht eliminieren können. Wenn wir uns vornehmen, diese zu ignorieren, werden wir in den meisten Fällen scheitern (wie die Sache mit dem rosa Elefanten, an den man nicht denken soll). Viel effektiver ist es, wenn man ganz bewusst auf diese Geräusche hört. Erst in der Gesamtheit und dann einzeln. Sehr oft treten sie dann irgendwann in den Hintergrund und wir können uns ganz auf die Übung konzentrieren.

Atme tief und ruhig. Gehe dabei im Geiste einmal deine gesamten Körperteile durch und versuche, sie bewusst zu spüren. Versuche in einen 4-3-4-3-Rhythmus zu kommen. Zähle langsam am besten synchron mit deinem

Herzschlag bis vier beim Einatmen. Halte dann drei Herzschläge den Atem an und atme dann aus, während du wieder bis vier zählst. Zähle bis drei, bevor du wieder einatmest.

Stelle dir jetzt einen Punkt vor und versuche ihn, mit deinem geistigen Auge zu fixieren. Experimentiere mit anderen Formen wie Linie, Kreis oder Quadrat. Versuche nicht, etwas anderes zu sehen als das jeweilige Objekt. Konzentriere dich darauf mit aller Kraft und versuche, es so lange wie möglich im Geiste festzuhalten. Ein paar Sekunden sind schon sehr gut.

Stelle dir dann die Formen in verschiedenen Farben vor.

Nimm dir dann verschiedene dreidimensionale Körper vor, wie z. B. Kubus oder Kugel. Zuerst nur als Form, dann wieder in Farben.

Wenn du mit diesen Körpern vorangekommen bist, kannst du dich an die sogenannten Platonischen Körper wagen. Das sind Polyeder mit der größtmöglichen Symmetrie. Jeder der fünf Körper wird von mehreren deckungsgleichen regelmäßigen Vielecken begrenzt. In jeder Ecke des Körpers treffen jeweils gleich viele, gleich lange Kanten zusammen, an jeder Kante treffen sich zwei deckungsgleiche Flächen und jede Fläche hat gleich viele Ecken.

Sie stellen die Formen dar, aus denen sich die Natur zusammensetzt und die für manch einen den Konstruktionsplan für die Welt darstellen (z. B. platonische Kohlenwasserstoffe). Zumindest findet man diese Formen in vielen Kristallen, Mineralien und Pflanzen wieder.

Stelle dir die platonischen Körper vor deinem geistigen Auge vor. Wenn das gut funktioniert, dann stelle dir vor, wie dich der jeweilige Körper umgibt und du mittendrin sitzt. Du wirst feststellen, dass sich hier der Körper und seine Wirkung noch einmal ganz anders erschließt. In den Flächen der Platonischen Körpern finden wir die Zahlen Drei, Vier und Fünf. Platon ordnete die ersten vier Körper den Elementen zu: Feuer stand für das Tetraeder, Luft für das Oktaeder, Wasser für das Ikosaeder und Erde für das Hexaeder. Das Dodekaeder entsprach dem von Aristoteles postulierten fünften Element Äther oder Geist. Auf die tiefere symbolische Bedeutung der Platonischen Körper werde ich in einem späteren Buch eingehen.

Sehr gut eignen sich danach auch die freimaurerischen Symbole, die du vom Arbeitsteppich kennst: den flammenden Stern, Winkelmaß und Zirkel und alle anderen. Wenn du das beherrscht, versuche dir den Arbeitsteppich deiner Loge in Gänze vorzustellen. Zeichne ihn dir in Gedanken auf und verankere das Bild fest in deinem Kopf. Versuche, an diesem Punkt die Symbole nicht zu inter-pretieren, sondern konzentriere dich nur auf das Bild und versuche es so lange wie möglich im Geiste festzuhalten.

So einfach diese Aufgabe auch erscheinen mag, sie ist es nicht und man sollte sich nicht entmutigen lassen. Man wird lange brauchen, um zur Meisterschaft zu gelangen, aber wenn man es schafft, einen Gedanken nur dreißig Sekunden festzuhalten, bevor er von anderen Gedanken verdrängt wird, dann ist schon viel gewonnen. Notiere deine Erfolge in deinem Lehrlingstagebuch.

Zweidimensionale Formen

Punkt, Linie, Kreis, Ellipse, Dreieck, Viereck, Fünfeck, Sechseck

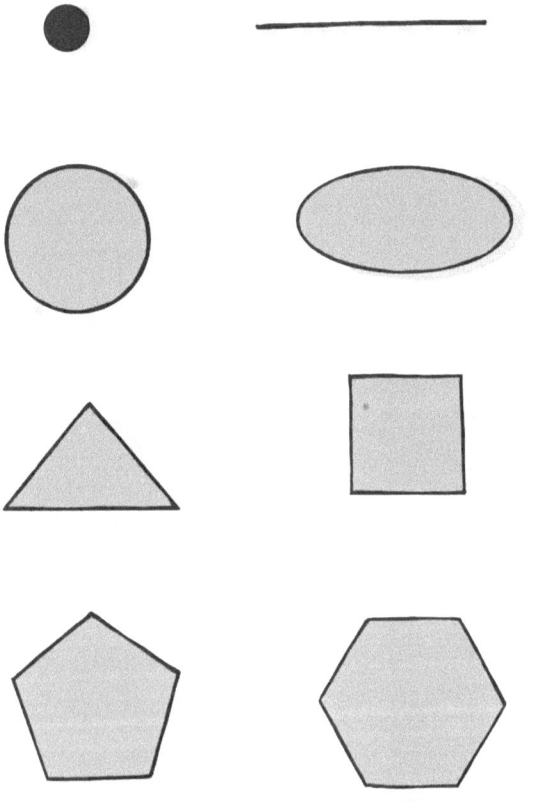

Dreidimensionale Formen – die Platonischen Körper

Kubus, Pyramide, Oktaeder, Dodekaeder, Ikosaeder

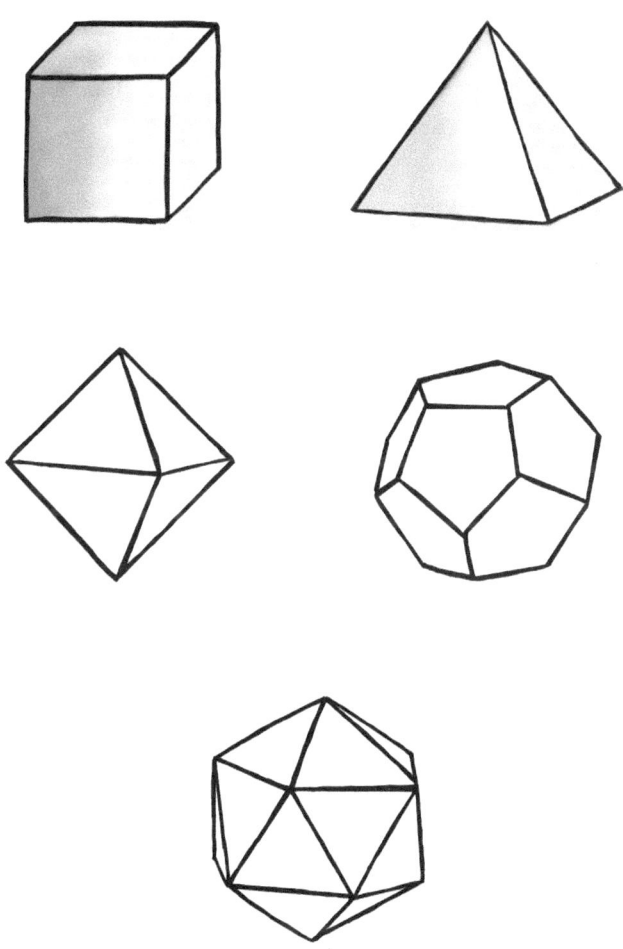

Weitere dreidimensionale Körper

Zylinder, Kegel, Kugel, vollkommene Matrix

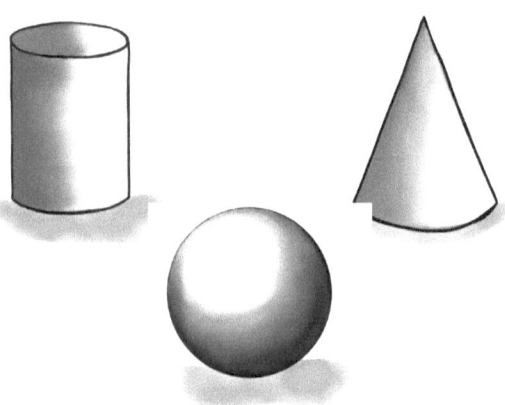

Freimaurerische Symbole

Winkelmaß und Zirkel, Senkblei, Bleiwaage, den rauen oder behauenen Stein, Pentagramm, Hexagramm, 24-zölliger Maßstab, Spitzhammer, Kelle, Knotenschnur, allsehendes Auge, Sonne, Mond, Sterne, musivisches Pflaster, die Säulen, der Tempel.

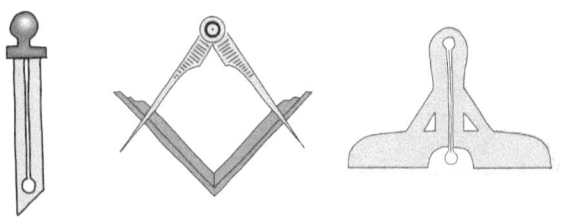

Wenn du die Bilder und Formen beherrschst, nimm dir Sätze mit positivem Inhalt und konzentriere dich darauf. Hier kann man durch die richtigen Affirmationen[x] noch den einen oder anderen positiven Nebeneffekt für sich mitnehmen, wenn man sie dann richtig formuliert. Es sollten immer selbstbejahende Sätze sein und nicht so etwas wie: „Ich möchte nicht krank werden." Das Unterbewusstsein könnte sich in so einem Fall auf das Wort „krank" konzentrieren, was ja keiner möchte.

Gut funktionieren würden zum Beispiel die folgenden Sätze:

- „Ich liebe meine Frau und meine Kinder."
- „Ich bin ein gesunder Mensch."
- „Ich bin in meinem Beruf erfolgreich."
- „Ich bin ein guter Freimaurer."

Es kommt bei dieser Übung nicht darauf an, was es ist, sondern, dass man diese Sätze erst über Sekunden und später über Minuten fokussiert im Kopf vor den Augen hat, ohne dass andere Gedanken sich dazugesellen oder aber der Geist abschweift.

Dass man dabei ganz nebenbei noch sein Gehirn mit Affirmationen positiv programmieren kann, ist ein hier zwar nicht wesentlicher, aber doch schöner Nebeneffekt. Dabei ist darauf zu achten, dass man die Dinge im Leben nicht durch Gedanken allein bewegen kann. Es ist immer wichtig, auch etwas zu tun. Aber dabei kann eine gute Affirmation durchaus hilfreich sein.

Übung 4: Kontrolle der Gefühle

Wenn du bei der Gedankenkontrolle erfolgreich bist und es dir immer besser gelingt, Bilder und Gedanken fest-zuhalten, dann versuche es mit Gefühlen.

Gefühle haben eine große Kraft. Sie können uns erheben, sie können uns plagen und sie können den Menschen auch überwältigen. Empfindsamkeit ist gut für die persönliche Entwicklung, aber der freie Mensch darf sich nicht von seinen Gefühlen beherrschen lassen. Mit dieser Übung lernen wir, besser mit unseren Gefühlen umzugehen,

Zu Beginn der Übungen versuche, dir Gerüche, Farben und Geschmäcker vorzustellen. Fange wieder damit an, dir einen ruhigen Platz zu suchen, im 4-3-4-3-Rhythmus zu atmen und den Körper zu spüren.

Stelle dir dann verschiedene Formen von Berührungen vor und versuche sie so tief wie möglich zu empfinden. Fange damit an, dir eine Hand auf deinem Arm vorzu-stellen. Dann das Kitzeln einer Feder auf deiner Haut. Irgendwann stelle dir auch einen Schmerz vor, wie von einer Nadel, die in deine Haut sticht, oder ein Schlag auf die Wange. Es geht dabei nicht um das jeweilige Gefühl an sich, sondern um die Übung des Empfindens und der Konzentration auf die Empfindungen.

Wenn du hier sicher bist, dann gehe über zu den seelischen Empfindungen. Versetze dich in eine Situation deiner Vergangenheit, in denen du starke Gefühle empfunden hast. Nimm dir zuerst positive Gefühle wie „Freude" und „Fröhlichkeit" oder „pures Glück" vor.

Dann probiere es mit den negativen Empfindungen, wie zum Beispiel „Wut" oder „Trauer" und am Ende auch „Angst".

Finde heraus, welche Gefühle sich leicht vorstellen lassen und wo es Probleme gibt. Es empfiehlt sich, nach jedem negativen Gefühl noch ein positives Gefühl folgen zu lassen, damit sich die negative Empfindung nicht in deinem Gehirn festsetzt. Wir nutzen hier also wieder das Instrument der positiven Affirmation.

Wenn du dich auf ein Gefühl konzentrierst, dann versuche es wirklich, in dir zuzulassen. Empfinde es in dir. Lass dich aber niemals überwältigen, sondern halte Abstand. Beobachte es von allen Seiten und beobachte dich, um herauszufinden, was es mit dir macht. Schau in dich, aber betrachte dich dabei aus der Distanz. Auch wenn sich das am Anfang etwas paradox anhört, wird es mit der Zeit immer besser funktionieren.

Diese Übung schärft nicht nur die Gedankenkraft, sondern auch deine Sinne und deine Empfindsamkeit. Du erfährst das Wesen deiner Emotionen neu und kannst mit der Zeit im Alltag viel besser mit deinen Gefühlen umgehen. Sie werden dir immer vertrauter und damit verlierst du auch die Angst vor ihnen.

Geschmäcker und Gerüche

süß, salzig, bitter, sauer, faulig, betörend

Empfindungen

stechen, kratzen, kitzeln, streicheln, Schlag

Positive Gefühle

Freude, Fröhlichkeit, Stolz, Verliebtsein, Geborgenheit

Negative Gefühle

Wut, Trauer, Aufregung, Angst, Unsicherheit

Schreibe deine Eindrücke und Gedanken in dein Lehrlingstagebuch.

Übung 5: Geben oder das eigene Opfer

Wenn man etwas von jemandem haben möchte, dann muss man auch selbst gewillt sein, etwas zu geben. Das kennen wir aus vielen Erfahrungen im profanen Leben. Fast überall finden wir ein Geben und ein Nehmen, wenn das Miteinander funktionieren soll. Auch in der geistigen Entwicklung ist dies so. Wenn wir uns entwickeln wollen, dann müssen wir lernen, uns selbst zu überwinden.

Wenn wir das ernst nehmen, dann sollten wir uns jeden Tag prüfen, ob wir etwas überwunden haben.

- Verzichten wir auf das Mittagessen und werfen die Euros lieber in den Hut eines Obdachlosen?

- Haben wir uns zugunsten eines Kollegen zurückgenommen?

- Haben wir heute mal auf Facebook- oder TV-Konsum verzichtet und dafür lieber einen Spaziergang mit der Familie gemacht?

- Haben wir heute unsere Trainingseinheiten absolviert, obwohl das Wetter alles andere als einladend ist?

- Haben wir bewusst auf ein Bier oder einen Kaffee verzichtet und unsere Gesundheit gestärkt?

- Haben wir ein gutes Buch an einen Freund weitergegeben, anstatt es ins eigene Regal zu stellen?

Es gibt unendlich viele Möglichkeiten, auf etwas zu verzichten, also einen Teil von sich zu opfern. Je mehr wir das tun, desto mehr stärken wir unsere Person und setzen die richtigen Energien frei, um selbst etwas zu erhalten.

Es mag sich für manch einen Leser recht trivial anfühlen, aber das persönliche Opfer ist eine Übung mit großer Wirkung. Abgesehen davon, dass es viel Freude bereitet, wenn man anderen etwas Gutes tut, ist es jedes Mal ein Gefühl des Sieges über eine Lust, ein Laster oder eine Begierde. Wenn wir einem bedürftigen Menschen etwas geben oder einer Gruppe etwas zukommen lassen, dann erzeugen wir eine Energie, die sich positiv auf uns auswirkt. Mit jedem Opfer werden wir ein Stück mehr zum Herrn über uns selbst.

Wichtig ist dabei nur, dass wir nicht nur opfern, um etwas wieder zu bekommen, sondern weil wir uns wirklich überwinden oder etwas geben wollen. Die Höhe des Opfers ist dabei ganz individuell. Es sollte so sein, dass wir schon ein wenig Energie aufwenden müssen. Es sollte uns nicht zu leichtfallen. Es darf daher ruhig mal ein 5-Euro-Schein sein, den wir in den Hut werfen, oder ein höherer Betrag, den wir für die Dritte Welt, Flüchtlinge oder das SOS Kinderdorf spenden. Jedes Mal, wenn wir einen Wunsch besiegen, etwas von uns geben oder verzichten, schaffen wir die Voraussetzung für eine ethisch moralische Entwicklung.

Wenn wir auf das Stück Schokolade verzichten oder die Zigarette oder das Glas Whiskey, dann haben wir nicht nur uns selbst überwunden, sondern auch nebenbei etwas für unsere Gesundheit oder unser Gewicht getan.

Jedes Mal, wenn wir einem Bedürftigen etwas von uns geben, haben wir die Welt um positive Gefühle und Gedanken bereichert. Im Grunde können wir dabei nur gewinnen. Wir machen die Welt zu einem besseren Ort und wachsen als Freimaurer und als Mensch.

Übung 6: Etwas für einen anderen tun

Als Freimaurer arbeiten wir an der Veredlung der Seele und des Charakters, das heißt, dass wir uns auch moralisch angemessen verhalten wollen. Unser ethisch-moralischer Anspruch sollte aber niemals nur ein Lippenbekenntnis sein, sondern immer durch reale Handlung ausgedrückt werden.

> *„Geht nun zurück in die Welt, meine Brüder, und bewährt Euch als Freimaurer. Wehret dem Unrecht, wo es sich zeigt; kehrt niemals der Not und dem Elend den Rücken, seid wachsam auf Euch selbst."*

Das ist die Aufforderung im Ritual. Das Gute und Richtige zu tun und so am Tempel der Humanität zu arbeiten.

Diese Verpflichtung sollte ein Freimaurer sehr ernst nehmen. In dieser Übung geht es darum, ganz bewusst etwas Gutes für jemanden anderes zu tun. Diese Übung ist sehr dicht an der vorherigen Übung, dem Opfer, aber hier geht es nicht so sehr darum, selbst auf etwas zu verzichten oder sich selbst zu überwinden. Hier geht es darum, ganz bewusst etwas Gutes für jemanden anderen in seinem eigenen Umfeld zu tun.

Die Freimaurerei ist bis auf Charity Aktivitäten nicht wirklich dazu geeignet, die Gesellschaft zu verändern. Dazu sind wir zu divers in unseren Meinungen und Haltungen. Laotse (6. Jhd. v. Chr.) wird folgende Weisheit zugeschrieben: „Würden die Menschen danach streben, sich selber zu vervollkommnen, statt die ganze Welt zu erretten, selbst innerlich frei zu werden, statt die ganze Menschheit befreien zu wollen, wie viel würden sie zur wahren Befreiung der ganzen Menschheit beitragen."

Im Grunde ein tief freimaurerischer Ansatz, denn nicht die Gruppe ist es auf die es ankommt, sondern jeder Bruder und jede Schwester in seinem Umfeld und nach seinen Möglichkeiten. Insofern haben wir als Freimaurer einen klaren Auftrag und es lohnt sich, das jeden Tag bewusst zu machen.

Um diese Übung auszuführen, muss man sich zuerst Gedanken darüber machen, was dem anderen Menschen Freude bereiten könnte. Dabei geht es nicht darum, was einem selbst Freude bereiten würde, sondern darum, zu erkennen, was den anderen bewegt. Der andere ist hier im ersten Schritt der Partner, der Freund, der Bruder oder der Kollege, also Menschen, mit denen man in einer Beziehung steht.

Verzichten wir auf unseren geliebten Krimi zugunsten von „Shopping Queen". Sagen wir unserem Nachbarn etwas Nettes. Sorgen wir dafür, dass sich unsere Mitarbeiter gut fühlen. Tun wir etwas, damit jemand anderes lächelt und ein gutes Gefühl hat. Erfüllen wir unserem Partner einen Wunsch oder bringen wir die Mülltonnen für unsere Nachbarn mit raus.

Im zweiten Schritt sollten wir versuchen, einem fremden Menschen etwas Gutes zu tun. Ob das der Bettler am Straßenrand ist, dem wir einen Kaffee ausgeben, die Oma im Haus um die Ecke, der wir den Einkauf abnehmen, die Kinder im benachbarten Kindergarten, denen wir etwas zukommen lassen, die Flüchtlinge in der Unterkunft im eigenen Viertel oder auch die Obdachlosen auf der Straße, die sicher etwas gebrauchen können. Wer darüber nachdenkt, wird in unserer heutigen Gesellschaft viele Menschen finden, denen man etwas Gutes tun kann.

Bei dieser Übung geht es nicht darum, zum Heiligen zu werden, sondern in sich die Bereitschaft zum Helfen zu stärken und zu fühlen, wie gut das tut. Wie im Bereich der Geselligkeit kommen wir schon ein wenig in den Bereich des Gesellengrades, also des „Schaue um dich". Aber wenn wir uns bei diesen Dingen auf das eigene Empfinden konzentrieren, bleibt genug Mehrwert für das „Schaue in dich" des Lehrlings übrig.

Wir sollten jeden Tag mindestens eine gute Tat vollbringen. Auch hier ist es eine einfache Möglichkeit, die Welt um sich herum ein wenig besser zu machen und neben dem guten Gefühl, das wir selbst dabeihaben, wird man feststellen, dass es eine sehr gute Auswirkung auf das Umfeld in Beruf und Familie haben wird.

Mit der Zeit wird es mehr und mehr zur Gewohnheit, Gutes zu tun, um sich damit als Freimaurer zu bewähren.

- Haben wir dieses Jahr schon etwas für einen guten Zweck gespendet?

- Haben wir einem Obdachlosen eine Freude gemacht?

- Haben wir einem Menschen der uns nahesteht etwas Gutes getan?

- Haben wir einem Fremden ein Lächeln auf das Gesicht gezaubert?

Übung 7: Mitfühlen – das Hineinversetzen in andere Menschen

Als Lehrling sollen wir unseren rauen Stein bearbeiten und nicht den unseres Bruders. Das ist eine wichtige Tugend, die wir auf unserem ganzen freimaurischen Weg niemals vergessen sollten.

Trotz aller Vorsätze werden wir immer wieder den Impuls haben, dem Bruder zu sagen, was er besser machen kann. Das sollten wir aber nur tun, wenn unser Impuls nicht der eigenen Bestätigung dient oder dem eigenen Interesse, sondern wenn es ausschließlich zum Wohle des Bruders ist. Wir wollen nicht die Kritiker unser Brüder sein, aber durchaus Mitstreiter, Begleiter und Unterstützer.

Um brüderlich zu handeln, müssen wir lernen, unsere Brüder und unsere Mitmenschen zu verstehen. Erst wenn man in den Schuhen des anderen ein Stück gewandert ist, kann man verstehen, was ihn bewegt, das wussten schon die alten Indianer. Versuchen wir also die Dinge aus dem Blickwinkel unseres Gegenübers zu sehen, um ihn wirklich zu begreifen.

Wenn wir die Rollen tauschen, können wir erkennen, warum unser Bruder oder unsere Schwester in bestimmten Situationen so oder so reagiert oder warum er bestimmte Verhaltensweisen an den Tag legt. Wir merken dabei meistens auch, dass die Dinge, die uns ärgern oder berühren, oft gar nicht gegen uns gerichtet sind, sondern sich allein aus unserem Gegenüber heraus erklären. Das schult unsere Toleranz und die Empathiefähigkeit.

Es ist eine wichtige freimaurische Tugend, dass wir uns in andere Menschen hineinversetzen.

Fragen wir uns also:

- Warum reagiert der Bruder so?
- Was hat er heute oder früher erlebt?
- Wie ist er groß geworden?
- Welche Probleme belasten ihn?
- Wovor hat er vielleicht Angst?
- Was wünscht er sich?
- Wie wirke ich wohl auf ihn?
- Was ist ihm wichtig?
- Welches Wertesystem hat er?

Dabei muss man nicht zum Hobbypsychologen werden, aber man sollte sich intensive Gedanken um die andere Person machen.

Sehr hilfreich ist es dabei, dem Gegenüber Fragen zu stellen. Er wird wahrscheinlich selbst gar nicht alles wissen oder präsent haben, aber seine Antworten geben uns viele Aufschlüsse über den Bruder und was ihn bewegt.

Hier muss man natürlich aufpassen, dass man niemandem zu nahetritt. Manche Brüder, vor allem die älteren Generationen sind es nicht so gewohnt, über Gefühle zu sprechen. Man sollte sich also ganz behutsam vortasten und den richtigen Augenblick und Kontext wählen. Zum freimaurerischen Handeln und brüderlichen Umgang gehört auch, den Bruder in Ruhe zu lassen, wenn man merkt, dass er über bestimmte Dinge nicht reden möchte.

Um dies zu üben, nehmen wir uns jeden Tag eine Person aus unserem Umfeld vor und versuchen, uns in sie hineinzuversetzen. Betrachten wir die Welt mit den Augen des anderen. Diese Übung wird mit Sicherheit ganz neue Erkenntnisse und Erfahrungen bringen, die uns nicht nur im Zusammenleben mit unseren Mitmenschen helfen werden, sondern die auch dazu beitragen, ganz viel über uns selbst zu lernen.

Übung 8: Achtsam sein – sich selbst bewusst werden

Wer achtsam lebt, erkennt im besten Fall, dass sein Empfinden von Glück und Zufriedenheit nicht von äußeren Bedingungen abhängig ist. Er stärkt seinen Geist und entwickelt ein klares Bewusstsein von seinen Fähigkeiten, Bedürfnissen, Stärken und Schwächen. Dieses Bewusstsein ermöglicht es dem Menschen, auch in schwierigen Lebensphasen und Situationen mit der Kraft seiner inneren Ressourcen verbunden zu sein.

Im Ritual der Großloge der A.F.u.A.M finden wir am Ende des Rituals, wo wir aufgefordert werden, etwas Gutes in der Welt zu bewirken, noch die folgenden Worte:

> *„... seid wachsam auf Euch selbst."*

Die hier angesprochene Wachsamkeit kann meines Erachtens sehr gut als Aufforderung zur Achtsamkeit verstanden werden.

Was verstehe ich unter dem Begriff Achtsamkeit?

Achtsamkeit beschreibt einen Bewusstseinszustand, der es ermöglicht, Wahrnehmungen von außen oder innen, im jeweiligen Augenblick, ohne Vorurteile zuzulassen, zu registrieren, sich bewusst zu machen und einzuordnen.

Je geübter man mit der eigenen Achtsamkeit umgehen kann, desto mehr werden automatische Reaktionsmuster und Abwehrmechanismen verringert. In der Folge kommt es zunehmend zu einem authentischen und souveränen Handeln, Selbstermächtigung,

Selbsterkenntnis und dadurch auch zu einer erhöhten Resilienz gegenüber schwierigen Situationen.

Folgt man dieser Definition, dann führt eine intensive freimaurerische Arbeit und alle Übungen in diesem Buch fast zwangsläufig zu mehr Achtsamkeit und zu mehr Zufriedenheit. Das Prinzip der Achtsamkeit ist keine neue Mode, sondern geht zurück auf alte buddhistische Lehren. Es passt wunderbar zum Erkennen des „wahren Willens" und der Befreiung vom Ego. Ein Meister wird nicht nur Weisheit erlangt haben, sondern auch achtsam mit sich selbst umgehen.

Achtsam sein kann man auch damit beschreiben, dass man seine innere Mitte findet. Man erkennt und akzeptiert seine Stärken und Schwächen und achtet darauf, dass die eigene Lebensgestaltung in einem angemessenen Verhältnis dazu steht.

Das ist theoretisch natürlich wesentlich einfacher als praktisch. Es geht hier primär darum, sich das Prinzip der Achtsamkeit zu vergegenwärtigen und sich regelmäßig zu fragen, ob man gerade achtsam ist.

Gerade in Stress- oder Konfliktsituationen, wenn der Blutdruck steigt und die Gedanken durch den Kopf und die Gefühle durch den Körper jagen, ist es sehr hilfreich, wenn man kurz innehält und versucht, sich von außen zu betrachten. Was passiert hier gerade? Ist es wirklich so schlimm? Was kann ich aus der Situation lernen? Was wäre jetzt gut für mich?

Wenn man es schafft, einmal tief durchzuatmen und sich selbst kurz aus einer anderen Warte zu betrachten, wird man wieder zur Ruhe zu kommen, seine Grenzen erkennen und bereit sein, Lösungen zu entwickeln.

Es macht viel Sinn, sein eigenes Leben immer wieder im Sinne der Achtsamkeit zu hinterfragen.

Mögliche Fragen sind:

- Lebe ich da, wo ich leben will?
- Lebe ich mit den Menschen, mit denen ich leben möchte?
- Verbringe ich meine Zeit sinnvoll?
- Tue ich das, was mir Freude bereitet?
- Stehen Aufwand und Ertrag bei meiner Arbeit im richtigen Verhältnis?
- Sind meine Ressourcen ausreichend?
- Sind meine Potenziale ausgeschöpft?
- Erfahre ich die Anerkennung und Liebe, die ich mir wünsche?
- Gebe ich die Anerkennung und Liebe, die andere verdienen?

In der Hektik des Alltags kann es schon mal passieren, dass die Achtsamkeit etwas vernachlässigt wird. Das Argument, man hätte keine Zeit, ist hier allerdings nicht angebracht, denn wie sagte einmal ein kluger Manager? „Ich habe zu viel zu tun, um mir keine Zeit zu nehmen." Profis sind achtsam.

Übung 9: Dankbarkeit

Das Leben ist voller Höhen und Tiefen, aber für die meisten von uns kann man sagen, dass das Leben in der Tendenz mehr Gutes zu bieten hat. Interessanterweise beschäftigen wir uns trotzdem oft mehr mit den Dingen, die nicht so gut laufen, und weniger mit dem, was gut ist.

Wenn wir es schaffen, den Fokus mehr auf die guten Seiten des Lebens zu legen, dann werden wir schnell feststellen, dass es eine ganze Menge zu entdecken gibt. Selbst in manchen schwierigen Situationen kann man immer wieder positive Aspekte entdecken.

Als Freimaurer sollten wir lernen, für die guten Dinge im Leben dankbar zu sein. Oft tendiert man dazu, die guten Dinge als selbstverständlich anzunehmen. Die eigene Gesundheit, die Gesundheit des Partners und der Kinder oder der Umstand, dass man einen gut bezahlten Job hat oder in einem schönen Haus wohnt.

Der Mensch tendiert nach Maslow dazu, sich nach Befriedigung einer Bedürfnisebene auf die nächsthöhere Ebene zu konzentrieren. Aber wenn wir uns nur noch um unsere Selbstverwirklichung Gedanken machen, vergessen wir schnell, dass ein Dach über dem Kopf und eine Heizung nicht für jeden Menschen selbstverständlich sind.

Dankbar zu sein, fällt in der heutigen Zeit vielen Menschen nicht leicht. Für einen Freimaurerlehrling gehört es aber zur Bildung des Charakters, sich mit der Dankbarkeit auseinanderzusetzen, denn wer dankbar ist, wird auch besser darin, Dinge wertzuschätzen und Demut zu empfinden.

Für den Lehrling in der Phase des „Schaue in dich" wichtige Aspekte. Daher macht es durchaus Sinn, daran zu arbeiten.

Auch hier kommt das Lehrlingstagebuch zur Anwendung. Setzen wir uns morgens oder abends hin und denken kurz über den Tag nach. Suchen wir nach den Ereignissen oder Situationen, für die wir dankbar sein können. Schreiben wir mindestens drei Sachen pro Tag in unser Tagebuch. Noch intensiver wird es, wenn wir auch darüber nachdenken, warum wir für diese Dinge dankbar sind.

Am Anfang wird man vielleicht etwas länger nachdenken müssen, aber mit jedem Tag wird man mehr entdecken, für dass es sich lohnt, dankbar zu sein.

Nach einigen Wochen wird sich der Blick auf die Welt ändern und man wird auch während des Tages öfter das Gefühl der Dankbarkeit erleben.

Übung 10: Brüderliche Sprache

Schon früher in diesem Buch sind wir auf die Bedeutung von Sprache eigegangen. Wörter können gestalten, motivieren und gleichzeitig auch verletzen oder vernichten. Deshalb ist es wichtig, sorgsam damit umzugehen. Gerade in den sozialen Medien erleben wir tagtäglich, wie mit Sprache Schindluder getrieben wird und durch „labeling" und Beschimpfungen polarisiert wird.

Als Freimaurer sollten wir uns nicht auf Debatten einlassen, die nicht mit dem Ziel einer Verständigung geprägt sind, sondern nur von dem Wunsch, die eigenen Positionen zu bestätigen und andere Meinungen niederzumachen.

Vielmehr geht es darum erstens nur Debatten von Wert zu führen und andererseits so zu kommunizieren, dass es zu Verständigung und einem friedlichen Miteinander beiträgt. Um nicht missverstanden zu werden. Ein Standpunkt ist wichtig. In der heutigen Zeit mit aufkeimendem Rechtspopulismus, Rassismus und Fake News mehr denn je, aber neben dem Inhalt kommt es immer auch auf die Form an, die durch den Inhalt nicht zwingend relativiert wird.

Bei der Auswahl für einen Debattenbeitrag empfiehlt sich das Gleichnis der drei Siebe von Sokrates, dass ich hier kurz wiedergeben möchte:

Zum weisen Sokrates kam ein Schüler und sagte:
„Höre, Sokrates, das muss ich dir erzählen!"

„Halte ein!" unterbracht ihn der Weise, „hast du das, was du mir sagen willst, durch die 3 Siebe gesiebt?"
„Drei Siebe?", fragte der andere voller Verwunderung.

„Ja, guter Freund! Lass uns sehen, ob das, was du mir sagen willst, durch die 3 Siebe hindurchgeht:
Das erste ist die Wahrheit. - Hast du alles, was du mir erzählen willst, geprüft, ob es wahr ist?"
„Nein, ich hörte es jemanden erzählen und..."

„So, so! Aber sicher hast du es im zweiten Sieb geprüft. - Es ist das Sieb der Güte. Ist das, was du mir erzählen willst, gut?"
Zögernd sagte der andere: „Nein, im Gegenteil..."

„Hm", unterbrach ihn der Weise, „so lasst uns auch das dritte Sieb noch anwenden. Ist es notwendig, dass du mir das erzählst?"
„Notwendig nun gerade nicht ..."

„Also", sagte lächelnd der Weise, „wenn es weder wahr noch gut noch notwendig ist, so lass es begraben sein und belaste dich und mich nicht damit."

Wenn man also die Prüfung der drei Siebe hinter sich hat und sich entschließt, etwas beizutragen, dann geht es darum, die richtige Form zu wählen. Schließlich sollte es uns ja nicht darum gehen, unsere eigene Meinung nur zu bestätigen oder uns zu profilieren, sondern zu einem Diskurs einen wertvollen Beitrag zu leisten.

Worauf kommt es bei einer guten Kommunikation an?

Das Prinzip der „gewaltfreien Kommunikation" hilft uns als Freimaurer, positive Impulse zu setzen. Im Vordergrund steht dabei, eine wertschätzende Beziehung zu entwickeln, die Kooperation und gemeinsame Kreativität im Zusammenleben ermöglicht.

Bei diesem Prinzip geht es darum, Provokationen und Forderungen zu vermeiden und stattdessen aus der „Ich-Position" zu schreiben (also im Sinne von „Ich habe das Gefühl das ...", „Ich bin der Meinung, dass ...") und den Gegenüber prinzipiell eher zu bitten als zu fordern.

Die gewaltfreie Kommunikation erfolgt nach folgendem Schema:

> a … Beobachtung
> b … Gefühl
> c … Bedürfnis
> d … Bitte

„Wenn ich (a) sehe, dann fühle ich (b), weil ich (c) brauche. Deshalb möchte ich jetzt gerne (d).“

Dieses Formulierungsmuster soll dem Sprecher helfen, eine Verbindung zu seinem Gegenüber aufzubauen.

Wenn man sich dieses Prinzip zu eigen macht, wird man schnell feststellen, wie viel leichter Gespräche in der Beziehung verlaufen und wie positiv Mitarbeiter oder Geschäftspartner darauf reagieren.

Es lohnt sich also, beim nächsten Brief oder Gespräch ganz bewusst auf die Einhaltung der Schritte von a bis d zu achten.

In den sozialen Medien kann es bei Anwendung dieses Prinzips sein, dass die Diskutanten irritiert reagieren, weil sie entweder deutliche Bestätigung ihrer Position erwarten oder auch eine klare Gegenposition, die man dann verurteilen kann. Differenziertheit ist in Sozialen Medien etwas sehr Ungewohntes und viele können damit nur schwer umgehen. Ich bin jedoch fest davon überzeugt und habe selbst erlebt, dass das Konzept der gewaltfreien Kommunikation die Gesprächskultur auf allen Ebenen und manchmal sogar in den Sozialen Medien verbessern kann. Gewaltfreie Kommunikation vermeidet Abwehr-reflexe und Polarisierung, schafft Öffnung und ermöglicht so einen inhaltlichen Diskurs.

In der Beziehung kann man erstaunliche Effekte erzielen, wenn man vermeidet, eine Äußerung mit einer Forderung zu verknüpfen. Wenn man zum Beispiel formuliert, dass man sich mehr Zeit mit dem Partner wünscht, ohne von ihm gleichzeitig zu verlangen, weniger zu arbeiten oder Freizeitaktivitäten einzuschränken, dann bringt man den Partner nicht in eine Entscheidungsnot, sondern beschreibt ihm eine Situation, mit der er aus freien Stücken umgehen kann. Das führt zu mehr Verständnis füreinander und zu mehr Nähe.

Es lohnt sich definitiv, diese Ansätze zu üben. Auch wenn man anfänglich schnell wieder in die alten Muster verfällt, so wird man das Prinzip immer weiter verinnerlichen. Wenn man seinem Gegenüber das Prinzip erklärt, muss man natürlich aufpassen, dass man hier niemals belehrend wird. In jeder Form von Beziehung sind Augenhöhe und Vertrauen die Basis, ohne die auch eine „gewaltfreie Kommunikation" nicht funktionieren kann. Also, bevor wir von anderen Menschen „gewaltfreie Kommunikation" fordern, sollten wir sie erst einmal selber anwenden. Man muss diese Technik erlernen und üben. Mit der Zeit geht es dann wie von selbst.

Dem Freimaurer-Lehrling wird durch die Anwendung dieser Technik immer wieder bewusst, dass er an seinem Stein arbeiten muss und nicht an denen der anderen. Das schafft Souveränität und Lösungskompetenz. In der Loge trägt diese Art der Kommunikation auf Sicht zu mehr Harmonie und Frieden bei.

Übung 11: Den Körper stärken

Die Arbeit am eigenen Körper ist eher ungewöhnlich in der Freimaurerei. Ich habe sie trotzdem hier aufgenommen, weil die körperliche Gesundheit eine der wesentlichen Voraussetzungen für die Entwicklung der eigenen Persönlichkeit ist. Natürlich können Krankheiten und Behinderungen große Lehrmeister sein und manchmal auch unüberwindbare Hürden. Aber wenn man es geschafft hat, diese Dinge zu überwinden oder in sein Leben zu integrieren, dann ist das körperliche Wohlbefinden eine wichtige Voraussetzung, um Energie und Kraft für die Arbeit am rauen Stein zu haben.

Die Ernährung ist die einfachste Übung von allen, denn sie folgt der These: „Genuss ist eine freimaurerische Tugend."

Hier geht es weder darum, nur noch Bio- oder Vollkorn-Produkte zu essen oder auf Fleisch zu verzichten. Die Aufgabe hier ist es, alles, was man isst, wirklich bewusst zu sich zu nehmen. Wenn wir uns Zeit nehmen, zum Essen, wenn wir jeden Bissen bewusst wahrnehmen und schmecken, riechen und genießen, dann werden wir nicht nur das Essen viel besser verarbeiten, sondern auch den höchstmöglichen Genuss dabeihaben. Wir trainieren unsere Sinne, tun etwas für unsere Gesundheit und kommen zur Ruhe.

Eigentlich sollte das selbstverständlich sein, aber wer kennt es nicht, dass Beruf und andere Verpflichtungen dazu führen, dass schnell im Gehen etwas konsumiert wird oder die Mittagspause kaum ausreicht, den Teller leer zu bekommen. Mindestens eine Mahlzeit pro Tag sollten wir also nach allen Regeln der Kunst genießen.

Zum Wohlbefinden gehört auch die Atmung, denn so wie wir essen müssen, so ist auch die ausreichende Versorgung mit Sauerstoff für den gesunden Körper von existenzieller Bedeutung. Wir sollten daher üben, bewusst zu atmen, denn durch Stress und mangelnde Aufmerksamkeit tendieren viele Menschen dazu, sehr flach oder zu hektisch zu atmen.

Egal, ob am Computer oder an der frischen Luft, nehmen wir uns mindestens einmal am Tag die Zeit, tief ein- und auszuatmen. Am besten nach der vorher schon beschriebenen 4-3-4-3-Methode aus den ersten Übungen.

Fühlen wir dabei, wie die Luft in unsere Lungen strömt und von da in unser Blut übergeht. Stellen wir uns bei jedem Atemzug vor, wie wir Sauerstoff und gute Energie in uns aufnehmen, wie uns das stärkt und gesund macht.

Es reichen hierfür fünf Minuten, denn die Aufmerksamkeit, die wir uns und unserem Körper dabei widmen, sorgt mit der Zeit dafür, dass wir den ganzen Tag über besser und gesünder atmen.

Eine kleine einfache Übung, aber der Effekt auf Wohlbefinden, innere Ruhe und Gesundheit wird immens sein.

Nutzen wir auch hier das Instrument der Affirmationen: Wenn wir das Atmen mit guten Gedanken verbinden, wie z. B. beim Einatmen denken „Ich atme Gesundheit und gute Energien ein" oder „Ich bin gesund und stark", dann wird sich das ergänzend positiv auf unsern Allgemeinzustand auswirken.

Daneben sollte man Ernährung und Atmung durch die eine oder andere Aktivität, die der Ruhe und Erholung dient, ergänzen. Das kann ein Spaziergang sein, eine Massage, ein Sauna-Besuch, Sport, Yoga oder auch eine Meditation, je nach den eigenen Bedürfnissen und Neigungen.

Als Anleitung für eine kurze, aber effiziente Meditation empfehle ich die sogenannte „Mittlere Säule" oder „Middle Pillar", wie sie Israel Regardie[xi] in den Schriften des „Golden Dawn" beschrieben hat.

Wenn man nicht so darauf steht, hebräische Namen zu vibrieren, ist auch eine einfache Chakren-Meditation, wie sie von Martin Brofman[xii] in seinem Körper-Spiegel-System beschrieben wurde, eine gute Alternative. Genauso gut funktionieren aber auch autogenes Training, Raja Yoga oder Traumreisen. Worum es geht, ist einzig und allein die Ruhe und das Besinnen auf das eigene Ich.

Manch einer mag jetzt fragen, was Meditation mit der Freimaurerei zu tun hat. Dabei ist die Antwort ziemlich einfach: Zum einen ist auch die Tempelarbeit eine Art der Meditation und zum anderen ist ein ausgewogenes Verhältnis von Bewegung und Ruhe, gepaart mit Ernährung, essenziell für die geistige Entwicklung.

Wenn Körper und Geist harmonieren und Hand in Hand arbeiten, wird das Bewusstsein gestärkt. Bewusstes Essen und Atmen stärkt unsere Gesundheit ebenso wie Meditation oder ein Spaziergang und wir üben dabei, achtsam zu sein. Nicht umsonst sind Atmung und Meditation wesentliche Aspekte von Methoden wie Qigong oder Yoga.

In der Praxis merkt man schnell, wie sich diese Dinge positiv auf das allgemeine Wohlbefinden auswirken werden und wie es auch die anderen Übungen in diesem Buch erleichtert.

Übung 12: Arbeit mit Symbolen

Die Freimaurerei hat zwei Hauptinstrumente: Das eine ist das Ritual, das andere die Symbolik. Das deutsche Wort für Symbol ist Sinnbild. Wir sprechen also von einem Bild, das einen Sinn enthält. Es ist der bildliche Ausdruck einer Idee. Symbole haben die Aufgabe, den Menschen auf eine Art zu berühren, wie es Worte nicht vermögen. Symbole können Dinge verschleiern, sie können aber auch komplexe Zusammenhänge verdeutlichen, die sich erst in der Resonanz des Symbols mit dem menschlichen Geist und der Seele erschließen.

Die freimaurerische Symbolik ist sehr alt und eklektisch und ist aus vielen Quellen zusammengewürfelt worden. Über die Jahrhunderte gab es viele Deutungen der einzelnen freimaurischen Werkzeuge und der großen und kleinen Lichter. Trotz vieler Veränderungen sind aber die universellen Bedeutungen gleichgeblieben, weil diese unabänderlich sind. Warum das so ist, wird sich dem Lehrling erschließen können, wenn er weiter fortgeschritten und zur Meisterschaft gelangt ist.

Symbole haben den Vorteil, dass sie unabhängig von Bildung und Vorwissen verstanden werden können. Diese universelle Sprache der Freimaurerei ist essenziell für eine klassenlose Bruderschaft.

Die Symbolik ist ein unglaublicher Schatz, der sich aber umso mehr erschließt, wenn man sich mit ihr beschäftigt und sich auf sie einlässt. Da die Freimaurerei ein individueller Weg ist, werden sich die Symbole jedem Freimaurer anders erschließen. Dem einzelnen Bruder wird das Symbol immer wieder anders erscheinen und andere Assoziationen auslösen. Neben der universellen Bedeutung oder dem Offensichtlichen sind Symbole stets eine Projektionsfläche für die eigene Seele.

Nehmen wir uns also jeden Tag ein Symbol vor und denken wir darüber nach.

- Was bedeutet es?

- Was gefällt mir daran?

- Was stört mich?

- Woran erinnert es mich?

- Welches Detail verstehe ich nicht?

- Kann es mir einen Hinweis geben, wie ich mich in einer bestimmten Situation verhalten sollte?

- Welches Ereignis am heutigen Tag passt zu dem Symbol?

- Welche Botschaft ist damit verbunden?

Dabei ist es vollkommen egal, ob ich mich zur Meditation über das Symbol zurückziehe oder aber bei der Fahrt zur Arbeit in der Bahn oder im Bett vor dem Einschlafen darüber nachdenke. Hauptsache, ich beschränke meine Beschäftigung mit der freimaurerischen Symbolik nicht nur auf die Tempelarbeiten.

Es empfiehlt sich, die Symbole immer mal wieder zu zeichnen und die Gedanken zu den Symbolen im Lehrlingstagebuch festzuhalten. Sehr schnell wird man feststellen, dass das Verständnis der Symbole auch das Erleben im Ritual verstärkt.

Wer tiefer einsteigen möchte in die spirituelle Dimension der Freimaurerei, der kann sich schon als Lehrling ein wenig vertraut machen mit dem Konzept des kabbalistischen Lebensbaums. In den drei Johannisgraden sind die Bezüge hierzu recht überschaubar. Wer später in Hochgraden arbeitet, wird hier in stärkerem Ausmaß damit konfrontiert werden. Die Konstruktion des Lebensbaums aus der jüdischen Kabbala stellt die Schöpfung in ihrer Gesamtheit dar. Man kann in den zehn Sephiroth und den 22 Pfaden im Grunde alle Geheimnisse dieser Welt finden, man muss nur lernen, sie für sich zu entschlüsseln.

So wie auch die Arbeitstafel in der Mitte der Loge, stellt der Lebensbaum auf der einen Seite die Schöpfung und von der anderen Seite einen möglichen Entwicklungsweg dar. Die Parallelen erschließen sich schnell, wenn man sich Zeit nimmt, darüber nachzudenken.

Wer tiefer in diese Welt einsteigen möchte, der sollte einen Blick in die Literatur zur jüdischen Kabbala werfen, z. B. in ein Buch von Erich Bischoff[xiii].

Die Sephiroth sind aber ein Thema, was am Anfang auch eher verwirren als bereichern kann. Daher kann man sich damit auch gut und gern Zeit lassen, bis man sich als Meister mit dem „Schaue über dich" beschäftigt. In einem späteren Buch werde ich vertieft darauf eingehen.

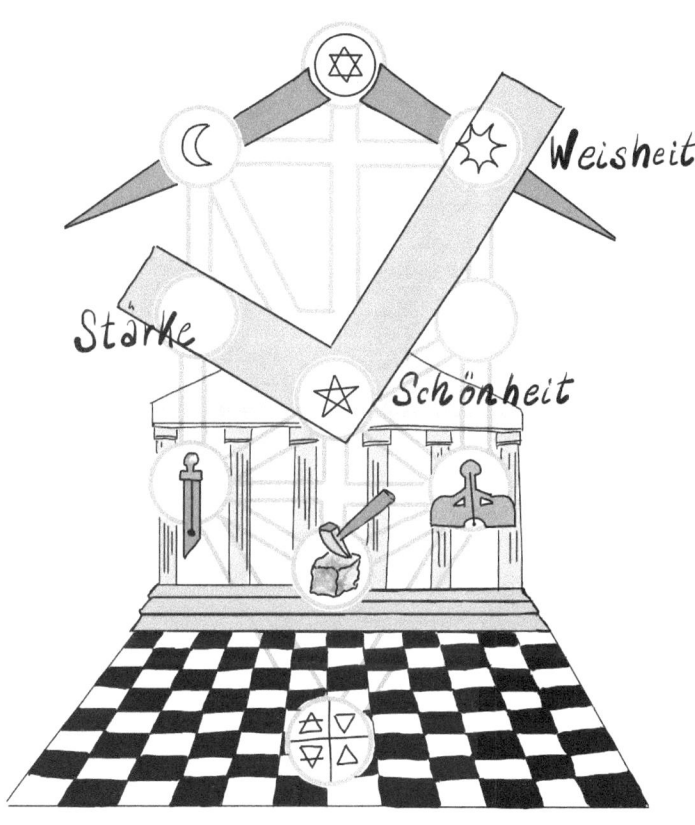

Hier sieht man die Symbole der Arbeitstafel über den kabbalistischen Lebensbaum gelegt. Unten bei Malkuth sehen wir die vier Elemente, also diese Welt. In der Mitte bei Tipharet sehen wir das Pentagramm, wo sich der Geist über die Materie erhebt. Oben bei Kether sehen wir das Hexagramm – das große Ziel. Unsere drei Säulen aus dem Tempel erkennen wir auch wieder.

Übung 13: Das Lehrlingsritual

Das Ritual in der Tempelarbeit hilft uns durch Wiederholung von Wörtern und Symbolen, den Geist zu erfüllen, uns anzuregen und mit der Zeit ethisch-moralisch zu wachsen. Diesen Effekt können wir uns auch zu Hause zunutze machen, wenn wir allein sind. Dazu sollte man sich morgens oder abends kurz an einen ruhigen Ort begeben, der durchaus auch ein Raum sein kann, den man sowieso regelmäßig aufsucht. Man kann auch gleich das Schlafzimmer für diese Übung nehmen.

Stelle dich hin, schließe deine Augen und trete ins Lehrlingszeichen. Atme dreimal tief ein und aus. Dann sprich folgende Worte:

Ich bin Freimaurer mit Leib und Seele.

Als Teil der Weltbruderkette stehe ich ein für Freiheit, Gleichheit, Brüderlichkeit, Toleranz und Humanität.

Ich arbeite an meinem rauen Stein, weil nur in mir der Schlüssel zu einer besseren Welt verborgen liegt.

Ich erkenne mich selbst und meinen wahren Willen, weil das die höchste Aufgabe eines Freimaurers ist.

Ich werde die Elemente und die Prinzipien in mir in Einklang bringen, um den Bau des Tempels der Humanität in mir und der Welt zu ermöglichen.

Ich bin ein freier Mann von gutem Ruf, ich bin stark und gesund und ich bin Freimaurer für alle Zeiten.

Es geschehe also.

Nach dem letzten Satz atme noch einmal tief ein und aus und öffne dann wieder deine Augen.

Am besten ist es natürlich wie auch im Ritual, wenn man den Text auswendig kennt. Am Anfang ist es aber vollkommen in Ordnung, wenn er abgelesen wird.

Dieses Ritual wird dir jedes Mal ins Bewusstsein rufen, dass Du Freimaurer bist und dass du aktiv an deinem rauen Stein arbeitest. Das Lehrlingsritual kostet Dich jeden Tag drei Minuten, die dir alle anderen Übungen in diesem Buch und den ganzen freimaurerischen Weg erheblich erleichtern werden.

Der Arbeitsplan

Der motivierte Lehrling sollte sich darüber Gedanken machen, wie er die Übungen am besten in seinen Alltag integriert. Ein guter Weg dazu ist ein Wochenplan, den man am Sonntag erstellt, in Abhängigkeit von sonstigen Verpflichtungen in Beruf und Familie.

Eine Logenaktivität und das Gespräch mit den Brüdern wird in den meisten Fällen einmal die Woche stattfinden. Den Alltag bewusst als Übungsfeld zu erleben, wie auch die Loge, sollte mit der Zeit zur ständigen Praxis werden. An den anderen Tagen sollte man sich mindestens eine Übung vornehmen oder maximal drei. Es ist besser, regelmäßig wenige Übungen zu absolvieren, als am Anfang jeden Tag drei Übungen und nach ein paar Wochen gar nichts mehr.

Bei allem Engagement sollte man es nicht übertreiben. Allzu schnell wird aus dem behauenen ein zerbrochener Stein. Wir sollten bei der Arbeit versuchen, immer im Flow[xiv] zu bleiben. Das heißt, dass wir uns schon überwinden und ein wenig anstrengen dürfen, aber wir sollten uns nicht überfordern.

Der 24-zöllige Maßstab mahnt uns, die richtige Zeiteinteilung zu finden und zwischen Freizeit, Beruf, Familie und Loge ein gesundes Maß zu finden. Dazu gehört natürlich auch ein gewisses Maß an Müßiggang oder profane Ablenkung, um Kraft zu schöpfen und den Geist zur Ruhe kommen zu lassen.

Die beste Richtschnur ist dabei das eigene Bauchgefühl.

Die Freimaurerei – und damit die Arbeit am eigenen Stein – soll sich gut anfühlen und Freude bereiten.

Als Motivation für den Lehrling mögen diese Worte dienen, die vor langer Zeit geschrieben wurden:

Masons, awake

Your creed and your craft demand the best that is in you.

They demand the sanctifying of your life, the regeneration of your body, the purification of your soul and the ordination of your spirit.

Yours is the glorious opportunity;
yours is the divine responsibility.

Accept your task and follow in the footsteps of the Master Mason of the past, who with the flaming spirit of the craft have illumined the world.

You have a great privilege – the privilege of illumined labor. You may know the ends to wish you work, while others must struggle in darkness.

Your labors are not to be confined to the tiled lodge alone, for a Mason must radiate the qualities of his craft.

Its light must shine in his home and in his business, glorifying his association with his fellow men.

In the Lodge and out of the Lodge, the Mason must represent the highest fruitage of sincere endeavour.

Manly P. Hall – The Lost Keys of Freemasonry

Hier nochmal alle 13 Übungen auf einen Blick

Übung 1: Der Seelenspiegel

    a)   Selbstanalyse

    b)   Der eigene Schatten

    c)   Das Prinzip m/w

    d)   Elemente und Urqualitäten

Übung 2:   Das Lösen von Mustern und Gewohnheiten

Übung 3:   Kontrolle der Gedanken

Übung 4:   Kontrolle der Gefühle

Übung 5:   Geben – das eigene Opfer

Übung 6:   Etwas für einen anderen tun

Übung 7:   Mitfühlen – das Hineinversetzen
in andere Menschen

Übung 8:   Achtsam sein – sich selbst etwas Gutes tun

Übung 9:   Dankbarkeit

Übung 10: Brüderliche Sprache

Übung 11: Den Körper stärken

Übung 12: Arbeit mit Symbolen

Übung 13: Das Lehrlingsritual

Tabelle für die eigene Planung

	Aktivität a)	Aktivität b)	Aktivität c)	Logenaktivität / Brüderliche Gespräche
Montag				
Dienstag				
Mittwoch				
Donnerstag				
Freitag				
Samstag				
Sonntag				

Anhang

Freimaurerei ist eine Haltung und ein Weg.

Meine persönliche Sicht auf die Freimaurerei.
Ein Beitrag für den Blog www.hagenunterwegs.com
im Februar 2021

Meiner Zeit als Freimaurer ist eine lange Zeit der Suche vorangegangen. In den frühen 90ern wurde ich durch das Buch „Das Foucaultsche Pendel" von Umberto Eco auf die Freimaurerei im Kontext von Geheimbünden und gnostischen Gruppierungen aufmerksam.

Durch die Beschäftigung mit den Ideen der Rosenkreuzer, der Hermetik und der Gnosis bekam ich das erste Mal ein Gefühl für die Zusammenhänge dieser Welt. All das, was mir in den monotheistischen Religionen nicht einleuchtend war und zu Fragen führte, insbesondere über das Warum von Not und Elend in der Welt und die Ungerechtigkeit, die man überall sehen kann, konnte ich mir auf einmal zumindest ansatzweise beantworten.

Die Freimaurerei geriet für mich aber erstmal in den Hintergrund. Nach dem Besuch von Gästeabenden erschien mir der zeitliche Aufwand und die Verpflichtung im Kontext von Familie und Beruf zu hoch.

Die Suche nach Erkenntnis ging aber weiter. Mir gelang es, eine Grundidee davon zu bekommen, warum die Welt so ist wie sie ist und warum wir hier sind – warum ich da bin.

Bevor ich auf mein Verständnis der Freimaurerei eingehe und die Bedeutung der Freimaurerei auf mich und mein Leben eingehe, möchte ich ein paar Worte zu meinem Verständnis von Spiritualität schreiben. Das erscheint mir hilfreich, da es meine Sichtweisen auf die Welt entscheidend prägt und auch mein Blick auf die Freimaurerei davon bestimmt wird.

Nach dem Gedankengebäude der Hermetik (siehe Hermes Trismegistos oder die hermetischen Gesetze) aber auch einiger östlicher Lehren, der Gnosis sowie der christlichen Mystik geht die unsterbliche Seele einen Weg und das „Ich", also unsere derzeitige Inkarnation, begleitet sie dabei.

Gefallen aus dem idealen Seinszustand, dem Ursprung (was auch immer man sich darunter vorstellen mag) fällt die Seele durch die Geburt in die Dualität dieser Welt. Dort muss sie sich gemäß dem Gesetz des Karmas immer wieder inkarnieren und Erfahrungen machen, damit sie sich reinigt, die Elemente ins Gleichgewicht bringt und irgendwann stärker als das Ego wird.

Dieser Weg ist ein geistiger, also die Überwindung der Materie durch den Geist. Wobei diese Welt natürlich auch Teil der Schöpfung ist, denn darin sind alle Gegensätze und die Einheit verbunden. Einordnungen wie „Gut" oder „böse", „männlich" und „weiblich", „Tag" und „Nacht" oder auf unseren Teppich bezogen „Mond" und „Sonne" oder „Jakin" und „Boas" sind allesamt Teile der Schöpfung aber eben auch Anteile von uns, die es zu verstehen und zu integrieren gilt. Die Dualität, die durch das musivische Pflaster symbolisiert wird, ist etwas, was es zu überwinden gilt und dennoch auch Teil des Ganzen ist.

Diese Sichtweise sollte man nicht mit der aus Buchhandlungen bekannten Trivialesoterik verwechseln. Wenn es auch Überschneidungen gibt, so spreche ich hier nicht über „Wünsch Dir was beim Universum", sondern über die Lehren eines Pythagoras oder Platon, sowie kluger Geister wie z.B. Giordano Bruno, Meister Eckhart, Isaac Newton oder Jacob Böhme und nicht zuletzt auch Wolfgang von Goethe.

Der von mir beschriebene spirituelle Weg, wie er in der Hermetik oder dem östlichen Yoga beschrieben wurde, ist für den, der ihn gehen will, ein sehr befriedigender aber auch sehr anspruchsvoll. Er erzeugt die Hoffnung auf ein Ende dieses Weges, irgendwann in einem wiederlangten göttlichen Zustand, aber er bedeutet auch Arbeit an sich selbst. Gleichzeitig erklärt er warum Menschen in so unterschiedlichen Lebensumständen leben müssen. Die Idee, dass jeder Mensch die Erfahrungen macht, die seiner Seele zuträglich sind, ist nicht ohne Gefahr des Zynismus und der Hybris, aber sie vermeidet den Bezug auf einen personalisierten Gott, der oberflächlich betrachtet, nicht viel für die Menschen übrig zu haben scheint. Es ist zumindest ein Denkmodell, das Erklärungsansätze ermöglicht für Dinge die bei einer stereotypen Betrachtung schlicht widersprüchlich und unerklärlich sind.

Gott ist in diesem Sinne das Prinzip der Schöpfung, vergleichbar einem Naturgesetz. Dieses Prinzip wirkt so wie die Gravitation, unabhängig davon, ob man an sie glaubt oder nicht. Ich glaube nicht daran, dass eine Institution Gott mein Verhalten beurteilt und jemand entscheidet, ob ich für Himmel oder Hölle bestimmt bin, aber ich glaube an ein übergeordnetes Prinzip, das ursächlich ist für die Schöpfung. Das ist mein Bild vom freimaurerischen „allmächtigen Baumeister aller Welten" oder auch des „dreifach großen Baumeisters" im Sinne des Hermes Trismegistos.

In diesem Verständnis erzeugt die Schöpfung einen Strom oder eine Energie, vergleichbar mit Elektrizität oder Magnetismus. Man kann sich mit diesem Strom bewegen oder dagegen anschwimmen. Alle in anderen Ideenwelten zur Anwendung kommenden Begriffe, wie Schicksal oder auch Karma sind an diesen Strom gebunden. Es ist der Kontext, in dem man sein Leben mehr oder weniger frei gestalten kann. Ganz wie in einem Computerspiel, in dem man bestimmen kann, wohin man geht und was man tut aber eben innerhalb einer vom Programmierer vorgegebenen Umgebung.

Manche Gruppierungen sprechen davon, dass man seiner Bestimmung folgen oder auch seinem „wahren Willen" erkennen soll. Das trifft es vielleicht ganz gut. Erkennt man den als Ganzes oder auch in jedem Augenblick, kann man versuchen, „das Richtige" zu tun, was auch immer das für einen ist.

Der Spirituelle Weg führt über verschiedene Stufen zurück zum Ursprung (Religio=Rückbindung). Im westlichen Okkultismus („okkult" ist heute ein schwieriges Wort, das im Grunde aber nicht mehr als „verborgen" bedeutet) finden wir für diesen Weg immer eine Gradstruktur, oft angelehnt an den kabbalistischen Lebensbaum mit seinen zehn Sephiroth.

Diese Gradstruktur erkennen wir auch in der Freimaurerei. Dort wird der Bezug zur Kabbala aber heute nur noch andeutungsweise und das auch nur in den Hochgraden hergestellt.

Für mich erschien die Freimaurerei wie ein System, das hilfreich sein könnte auf dem Weg der persönlichen Entwicklung. Deshalb habe ich 2014 entschlossen, Freimaurer zu werden.

Ich habe großartige Menschen kennengelernt und nach anfänglicher Enttäuschung, dass viele meiner Fragen nicht beantwortet werden konnten, verstanden, welche Qualität darin liegt in einer Loge zu Brüdern und Schwestern unterschiedlichster Couleur Zugang zu finden. Alle geeint durch gemeinsame Werte, das Versprechen, an sich zu arbeiten und die Welt zu einem besseren Ort zu machen.

Mit den Jahren habe ich Freunde gewonnen und Vertrauen zu Menschen, die ich sonst nie getroffen hätte. Menschen, die weder meinem Alter entsprechen, noch meiner politischen Orientierung. Ich habe als Kriegsdienstverweigerer mit Soldaten in der Kette gestanden und verstanden, dass das Außen immer nur eine Facette des Menschen ist. Ich habe Menschen gefunden, mit denen ich mich über Symmetrien und Kristallgitter einer esoterischen Geometrie auseinandersetzen kann und Brüder, mit denen ich über meine Erlebnisse in Beruf und Familie sprechen kann oder mit denen ich meine Hoffnungen und Sorgen bereden konnte. Das Spektrum ist groß und auf jeden Fall unglaublich bereichernd.

Die Freimaurerei trägt die Qualität der Freundschaft in sich, die Möglichkeit, Brücken zu bauen und Gräben zu überwinden. Etwas, das wir Maurer gar nicht hoch genug schätzen können und diese Welt heute mehr braucht denn je.

Ich nehme die Freimaurerei sehr ernst. Sie hat Einfluss auf mein tägliches Handeln, denn ich gleiche mein Tun mit meinen Werten ab. Ich prüfe mich regelmäßig und versuche, die Toleranz nicht nur zu postulieren, sondern auch zu leben. Ich gebe mir jeden Tag auf's Neue Mühe, mehr zuzuhören und von anderen zu lernen anstatt andere zu überzeugen. Das gelingt nicht immer, aber die Freimaurerei und meine Initiation geben mir die Kraft und das Rüstzeug, hier nicht müde zu werden.

Freimaurer zu sein hilft mir auch dabei, Kritik auszuhalten und für Werte einzustehen, denn ich weiß, dass ich damit nicht alleine bin, sondern Teil einer jahrhundertealten Bewegung mit großen Geistern. Ich bin Teil von etwas Größerem, einer Idee, und einem Committment zu Freiheit, Gleichheit, Geschwisterlichkeit, Toleranz und Humanität. Das stärkt mich und sorgt gleichzeitig für die nötige Demut.

Die Freimaurerei gibt mir Zuversicht und hat mir zu viel mehr Gelassenheit, Ruhe und Verständnis verholfen. Diese Veränderung ist mir von vielen Menschen in meinem Umfeld zurückgespielt worden, sie scheint daher real vorhanden zu sein.

Auch wenn man als Freimaurer nicht mit der Nase drauf gestoßen wird, so kann man in vielen freimaurerischen Büchern und Instruktionen erkennen, welche Weisheit und Lehren über die Schöpfung in der Freimaurerei verborgen sind. Vieles ist in Vergessenheit geraten und vieles bewusst oder aus Unkenntnis von Brüdern entfernt worden. Aber der Kern ist noch da und kann in jeder Lehrart gefunden und erlebt werden.

Das Ziel des von mir eingangs beschriebenen Weges oder den Sinn des Lebens finden wir in unserer Symbolik. Im Hexagram ist das Ziel des freimaurerischen Weges offenbart. Natürlich auch in unserem zentralen Symbol – Winkelmaß und Zirkel – denn diese beiden sind in der Kombination ebenfalls ein Hexagram.

Das Hexagram symbolisiert die Verbindung von Feuer und Wasser, also der Aufhebung der Gegensätze. Es symbolisiert die Aufhebung der Dualität, also den Zustand der Einheit, den ich vorher bereits als göttlichen Zustand beschrieben habe. Das Freimaurerische Ritual ist für mich ein symbolisches Abbild der Schöpfung in Konstruktion und Ablauf. Die Loge ein Symbol für den Kosmos in der Verbindung von Mikro- und Makrokosmos, ein heiliger Raum.

Der Weg zu diesem Ziel wird durch das Pentagram symbolisiert. Hier haben wir die vier Elemente Erde, Feuer, Wasser und Luft, die wir analog Empedokles, Platon oder auch C.G. Jung als Synonyme für charakterliche Qualitäten ansehen können und das fünfte Element, den Geist. Das Pentagram zeigt uns den Weg, über den Ausgleich der Elemente zu einem geistigen Zustand, der Überwindung der Materie durch den Geist. Verbunden mit der Vorstellung, dass Materie nur manifestierter Geist ist, kann uns das Hinweise zur Natur der Schöpfung geben.

Gleichzeitig bekommen wir eine Idee davon, wie sehr wir selber unseres Glückes Schmied sind, also der Gestalter unserer eigenen Realität durch das, was wir denken und tun. Genau das ist es, was das freimaurerische Ritual uns lehren kann, auch wenn es nicht für jeden sofort offensichtlich ist.

Primär aber geht es in der Freimaurerei um das Diesseits. Darum, ein guter Mensch zu sein.

Wir lernen durch die Arbeit am rauen Stein unsere Emotionen zu kontrollieren und uns zu beherrschen. Wir lernen als Lehrling Demut und wir üben das Miteinander in der Loge. Wir veredeln unseren Charakter und versuchen, uns moralisch-ethisch richtig zu verhalten, wobei die besondere Schwierigkeit ist, dass uns niemand erzählt, was das eigentlich ist, sondern dass wir das als Individuum selbst herausfinden müssen. Ohne Dogmen, ohne Lehrgebäude, sondern nur in Form von Anregungen für das eigene Denken. Sapere Aude – Nutze Deinen Verstand. Wir erkennen, dass wir Verantwortung für unser Tun und unser Sein haben.

Natürlich tun wir auch Gutes in den Logen, für Kinder in Not, für Geflüchtete, für Kranke und arme Mitbürger und vieles Mehr. Aber das ist für mich eher ein Effekt als der Sinn der Freimaurerei. Charity ist wünschenswert und wichtig aber diese Aktivitäten können auch dazu einladen, sich selbstzufrieden zurückzulehnen und sich moralisch ethisch überlegen zu fühlen. Genau das wäre im freimaurerischen Sinn grundlegend falsch, denn es lenkt von der Arbeit an uns selbst ab.

Das Spektrum der Sichtweisen in der Freimaurerei ist sehr groß und wie unterschiedlich jeder Bruder oder jede Schwester die Arbeit am rauen Stein auch für sich auslegen kann, ob ethisch moralisch, gesellig, historisch, freundschaftlich, spirituell oder esoterisch. Es gilt „Einheit in der Vielfalt" – besser kann man es nicht umschreiben.

Für mich ist es allerdings eindeutig: Der Kern der Freimaurerei sollte die Arbeit am rauen Stein sein, und das bedeutet für mich, dass es bei der freimaurerischen Arbeit um die Selbsterkenntnis geht. Was das für den einzelnen Bruder oder die Schwester bedeutet, ist divers.

Das ganze System und die darin enthaltene Symbolik sind Werkzeuge, die uns an die Hand gegeben werden, um auf dem Weg der Selbsterkenntnis voranzuschreiten. Das funktioniert bei dem einen Bruder besser als bei dem anderen und jeder kann selbst entscheiden, wie schnell und wie weit er gehen möchte.

Diese Individualität ist ein wesentliches Merkmal der Freimaurerei und als Qualitätskriterium kaum zu überschätzen. Sie schafft den Rahmen für Menschen, die die Freimaurerei zu einer Lebenseinstellung machen, aber auch für Menschen, die sich einfach im Kreise gleichgesinnter bewegen möchten. Sie schafft die Möglichkeit für ein ethisch-moralisches Regulativ für manche Brüder, sie ermöglicht durch die Rituale und Regeln gruppendynamische Prozesse und gibt Impulse für tiefe spirituelle Wege.

Insofern ist die Freimaurerei für mich eine gute Vorbereitung für die weitere spirituelle Entwicklung. Nicht umsonst ist in vielen co-masonischen oder unabhängigen Orden der Meistergrad eine Voraussetzung für die Aufnahme. In jedem Fall ist sie eine wertvolle Basis für alles, was danach noch kommen mag.

„Einheit in der Vielfalt" ist für mich also der zentrale Satz. Der Konsens, der alle Brüder und Schwestern verbindet, ist groß genug, um Identifikation zu ermöglichen. Er ist aber auch flexibel genug, um Dogmen zu verhindern und er ist komplex genug, um auch höchste Ansprüche befriedigen zu können.

Die verschiedenen Lehrarten mögen oberflächlich sehr viele Unterschiede haben. Dringt man tiefer ein in Ritual und Symbolik, dann findet man aber mehr Verbindendes als Trennendes. Genau darauf sollten wir uns konzentrieren. Für Freimaurer kann es nicht darum gehen, welches die bessere Lehrart ist, sondern nur darum, wie man gemeinsam an sich selbst und an einer besseren Welt arbeiten kann.

Genauso ist es vollkommen unwichtig, welche Ämter ein Bruder oder eine Schwester innehat und welche Besuchsregeln nun was zulassen und was nicht. Diese Themen nehmen oft einen viel zu großen Raum in der Freimaurerei ein. Das alles sind Aspekte, die geprägt sind vom Ego, ohne jeden echten Wert für die Freimaurerei.

Bei aller Sinnhaftigkeit von Regeln, die man braucht, um die Identität der Freimaurerei zu bewahren: Übertriebener Formalismus, Regularitätsdiskussionen sowie persönliches Machtstreben sind absurd und sollten im Grunde zu profan für einen Freimaurer oder eine Freimaurerin sein. Sie lenken uns letztendlich nur von der eigentlichen Arbeit an uns selbst ab.

Wichtig ist nur, dass wir uns der Freimaurerei wirklich verpflichtet fühlen. Brüder, die in ihrem Worten oder Taten, sich über andere Menschen erheben, anderen Menschen körperliches oder seelisches Leid antun oder sich in politisch fragwürdigen Kontexten äußern, und sich dabei als Freimaurer outen, laufen Gefahr, dass sie nicht nur sich selbst unglaubwürdig machen, sondern auch noch das Bild der Freimaurerei insgesamt in Frage stellen. Daher spricht viel für Deckung und viel für ein hohes Verantwortungsbewusstsein bei einem gleichzeitig offenen Umgang mit der Freimaurerei.

Ich persönlich wünsche mir eine steigende Wertschätzung und gesellschaftliche Anerkennung der Freimaurerei in der Gesellschaft. Aber das kann nur durch eine Fokussierung auf die innere Arbeit geschehen und nicht durch die politische Positionierung in gesellschaftlichen Kontexten. Diese würde nur der heute im medialen Diskurs immanenten Polarisierung zum Opfer fallen. Außerdem wäre alleine der Versuch einer Positionierung zum Scheitern verurteilt, denn wie um alles in der Welt, wollten wir uns darauf einigen, welche politischen Konzepte aus freimaurerischer Perspektive die richtigen sind?

Als Freimaurer sollten wir Offenheit und Toleranz leben, Vielfalt fördern und Gleichheit denken und brüderlich/ schwesterlich handeln und dort aufmerken und handeln, wo Menschen Unrecht geschieht. Vor allem müssen wir aber kontinuierlich an uns arbeiten, damit jeder Bruder in seinem Kontext ein Vorbild ist. Nur durch unser Verhalten können wir glaubhaft den Sinn der Freimaurerei belegen, nicht durch die Postulierung einer Position.

Freimaurerei wirkt im Inneren und das Ergebnis wirkt dann im Außen. Nur so gibt es aus meiner Sicht eine Berechtigung für die Freimaurerei mit all ihren anachronistischen Bräuchen und altertümlichen Duktus auch in der heutigen Zeit.

Das ist „die Religion die immer war und immer sein wird" und das ist die Essenz der Zeitlosigkeit. Darin liegt der Wert der Freimaurerei, denn Menschen werden immer wieder geboren, wachsen auf, bekommen Verantwortung, müssen sich im Leben zurechtfinden und herausfinden, wer sie sind. Auf diesem Weg braucht es Werkzeuge, Werte und Menschen, die einen dabei begleiten.

Darüber hinaus ist die in den Logen gelebte Freundschaft, das Vertrauen untereinander und die Verbindlichkeit etwas, was wir in unserer Gesellschaft immer häufiger vermissen und was Menschen in der Freimaurerei finden können.

Diese Sinnsuche des Menschen ist zeitlos und es gibt kaum ein vergleichbares System der Arbeit an sich selbst, wie die ernsthaft gelebte Freimaurerei.

Danksagung

Meiner Frau Andrea für das gedankliche Sparring im Alltag und die Sketchnote-Illustrationen in diesem Buch (www.sketchnotes-bremen.de)

Roland Kerstein, MvSt, und meinen Brüdern der 3WK Loge „Zum silbernen Schlüssel" im Orient Bremen für Rat und Tat.

Jens Rusch für die Cover-Gestaltung und für das Freimaurer-Wiki.

Stefan Szych für die Zeit, das Lektorat und viele wertvolle Hinweise

Alexander Silhavy für wertvolle sprachliche und inhaltliche Vorschläge

Patrick Petersen für den Austausch, unseren gemeinsamen Podcast und neue Impulse

Michael von Ammen für sein Wissen und seine Beiträge über die Geschichte der Freimaurerei

Andreas Rolfs für die Verbindung zur Albert Pike Lodge in Hannover und zum York Rite

Holger Ullmann für mehr Wissen über Geometrie und die Zahlen, als ich jemals verarbeiten kann

Philip Crusius für sein enzyklopädisches Wissen über die Freimaurerei

Alexander Florian Geyer und Frater ION für den Weg, meinen wahren Willen zu suchen.

Detlef Brechtel für die inspirierenden Dialoge

Markus Schlegel und Giovanni Grippo für ihr Engagement mit der Wolfstieg-Gesellschaft.

Reinhard G. Lehmann für die Inspiration durch seinen Vortrag

Francis Heckman für die Inspiration zur „Dankbarkeit"

Ingo Albrecht für die Inspiration zum „eigenen Schatten"

Christiane Brunèe (textbüro BREMEN) für das Lektorat

Dem Leipziger Freimaurer Verlag, weil er mich von Anfang an unterstütz hat.

Lars Grochla für die grafischen Arbeiten

Weblinks

www.freimaurer-wiki.de
Die Freimaurer-Online-Enzyklopädie

hagenunterwegs.wordpress.com
Ein spannender Blog mit ausgewogenen Texten

www.freimaurergedanken.com
Ein interessanter Blog mit einer eher humanistischen Ausrichtung

www.tetraktys.de
Umfassend, komplex und anspruchsvoll, aber hier findet man viel, wenn man wirklich einsteigen möchte in Philosophie und Geometrie

www.jens-rusch.de
Der Künstler, der das Titelbild dieses Buches gemalt hat und gleichzeitig Urheber des Freimaurer-Wiki ist

freimaurer-wiki.de/index.php/Bücherliste für Freimaurer
Buchempfehlungen für Lehrlinge und Fortgeschrittene

www.freimaurer.online
Der Blog zum Buch Freimauer in 60 Minuten

www.diefreimaurereiundich.de
Ein schöner Einstieg für Suchende

www.freimaurer.news
Mein Blog mit Artikeln und Vorträgen

www.freimaurerimgespraech.com
Der Podcast gemeinsam mit meinem Bruder Patrick Petersen

Verweise

i   Umberto Eco – Das Foucaultsche Pendel,
dtv Verlagsgesellschaft 1992

ii   Oswald Wirth – Die Freimaurerei ihren
Anhängern verständlich gemacht – Band 1:
Der Lehrling – Verlag Gebrüder Kornmayer

iii   Jan A. M. Snoek – Westliche Esoterik für
Freimaurer – Forschungsloge Frederik

iv   MP Steiner – Corpus Hermeticum:
Die lateinische Übersetzung
von Marsilio Ficino – Edition Oriflamme

v   William Walker Atkinson – Das Kybalion –
Die 7 hermetischen Gesetze –
Aurinia Verlag

vi   Emil Stejnar – Exerzitien für Freimaurer –
ibera Verlag Wien

vii   Emil Stejnar – Die vier Elemente –
ibera Verlag Wien

viii   www.freimaurer-wiki.de

ix   Rupert Sheldrake – Das schöpferische
Universum: Die Theorie des Morphogenetischen Feldes – Ullstein Taschenbuch

x   Das große Buch der Affirmationen:
        Für alle Lebenslagen – VAK Verlag

xi   Israel Regardie – The Art of True Healing –
        New World Library

xii   Martin Brofman – Das Körper-Spiegel-
        System – Mediengruppe Oberfranken

xiii   Die Kabbala – Erich Bischoff:
        Anaconda Verlag

xiv   Mihaly Csikszentmihalyi – Flow – der Weg
        zum Glück – Verlag Herder

Zeitfracht Medien GmbH
Ferdinand-Jühlke-Straße 7
99095 Erfurt, Deutschland
produktsicherheit@kolibri360.de